과학기술계열을 위한 글쓰기

JN434991

김현구 전남대학교 교육혁신본부
임미진 전남대학교 교육혁신본부
최윤경 전남대학교 교육혁신본부
최혜경 호남학연구원

과학기술계열을 위한 글쓰기

전남대학교 교육혁신본부
CHONNAM NATIONAL UNIVERSITY OFFICE OF EDUCATION INNOVATION

차례

서문

챗GPT를 사용하여 한 편의 글을 손쉽게 작성할 수 있는 시대가 도래했다. 글쓰기 학습자는 지식을 변형하고 창출하는 역량을 키우기보다 인공지능 기술에 의존할 가능성이 커진 셈이다. 편리해진 만큼 간단한 글조차 쓰지 못하는 구성원이 늘어날 수 있고, 이로 인한 문해력 격차가 교과 전반에 영향을 미쳐 학습 격차로까지 확장될 수도 있다. 이는 글쓰기를 통해 극복해야 하는 문장 표현이나 어휘 선택, 그리고 어문 규범을 준수하는 능력의 저하를 시사하기도 한다.

결국 인공지능 기술이 보편화 되더라도 글쓰기 학습자는 질문을 생산하고, 관련된 복수의 자료로부터 공통적 표상을 구축하며, 심층적 이해에 도달하는 다문서 문해력(multiple-document literacy)을 갖춰야 한다. 여기에 더해 지금은 인문학적 상상력과 이공학적 창의력을 결합하여 과학기술로 인해 미래사회가 직면하게 될 문제들을 해결할 수 있는 능력을 기르는 것이 중요하다. 무엇보다 글쓰기는 읽기와 분석, 사고와 표현을 결합하고 조정하는 종합적 훈련이라는 점에서 4차 산업혁명을 경유하는 인공지능의 시대에도 융·복합 학문을 실현하기 위한 출발점이자 유용한 방법이다.

그렇다면 고도화된 과학기술의 시대에 필요한 글쓰기란 무엇이며 어떻게 작성하는 것일까? 이는 '과학기술'과 '글쓰기'의 만남으로부터 출발한다. '과학기술'과 '글쓰기'가 만난 과학기술 글쓰기는 자연 현상에 대해 관찰하고 유추한 것을 실험과 검증, 분석을 통해 일반화하고 과학기술의 응용 혹은 문제적인 측면에 대해 비교적 객관적이고 전문적인 언어로 표현한 글쓰기이다.

과학기술계열 전공자를 위해 이 책은 글쓰기 이론과 실제를 오가며 과학기술 사회의 미래를 대비하고 도모하는 데 필요한 기술들을 배우고 익히도록 구성하였다. 이와 함께 사회를 바라보는 과학기술인의 다양한 시각을 수렴하고 학습공동체 안에서 비판적이고 전문적인 소양을 논리적이고 효과적으로 소통하기 위한 역량을 확보하도록 안내한다.

제1장에서는 우리에게 과학기술 글쓰기가 왜 필요한 가에 대해 소개한다. 초고도화

과학기술 시대에 과학기술력의 이해는 전문가집단뿐만 아니라 일반 대중에게도 요구되는 실정이다. 따라서 과학기술 글쓰기는 우리 사회의 요청에 따라 과학기술자가 과학기술에 대한 전문적인 내용을 효과적으로 전달할 때 필요한 기초역량과 그 필요성을 제시한다.

제2장에서는 과학기술 글쓰기의 윤리에 대해 안내한다. 과학기술 글쓰기 윤리는 글쓰기 자체만의 윤리로 국한되지 않는다. 예를 들면, 과학 기술이 생명에 직접적으로 영향을 미칠 수 있기 때문에 생명 윤리의 중요성도 숙지해야 한다. 또한, 정보통신 기술의 시대를 맞이하여 온라인 상에서 정보 교환이 급속하게 증가하면서 인터넷에 있는 정보를 활용하거나 글을 게시할 때에도 지켜야 하는 인터넷 윤리 역시 준수해야 한다. 이러한 윤리의식의 요청에 기반하여 과학기술 글쓰기는 다른 사람의 생각과 글을 인용하면서 지켜야 할 학문 윤리와 이를 준수하는 방법을 제공한다.

제3장에서는 한 편의 완결된 글을 쓰기 위해 참고할 수 있는 일반적 절차와 형식적 개념들을 설명한다. 한 편의 글은 정보 공유를 위한 소통의 창이다. 우리는 사회를 구성한 이래로 공통된 인식과 집단적 감성의 기반 위에서 고전 작품으로부터 인류 공통의 가치를 재확인하기도 하고, 큰 영향력을 미치는 문헌이나 연구결과를 공유하는 존재이다. 이 장에서는 글을 쓰는 단계를 일반적으로 어떻게 나누어 진행하는지, 독자가 각 글의 구성 부분에서 어떠한 항목을 확인하며 글을 읽게 되는지 등을 효과적으로 습득할 수 있도록 한다.

제4장에서는 과학기술 문해력을 배양하는 방법을 소개한다. 문해력이 중요한 까닭은 인공지능과 빅데이터 산업 분야에서 새로운 기술이 매일같이 쏟아지는 실정에서 우리의 삶의 변화에 능동적으로 대응할 힘이 필요하기 때문이다. 따라서, 우리와 같은 현재 고민을 먼저 해본 이들의 사유방식과 해결책들을 탐구하고 이해하는 문해력을 기른다.

앞의 장들이 글쓰기의 의의와 기본원리를 익히는 데 학습 목표를 두었다면 제5장의 과학기술 에세이는 과학이라는 전문적인 지식을 매개로 사람들과 소통하고 나아가 과학기술자로서 자신을 성찰할 수 있도록 구성한다. 따라서 이 장은 과학적 지식을 근거로 현상을 쉽고 명료하게 전달하는 훈련으로서 과학기술 에세이 글쓰기에 집중한다.

제6장 과학기술 비평에서는 과학과 예술의 유기적 연관성에 대해 알아보고 미학적 감흥과 비판적 사고를 도모하기 위해 비평문을 작성한다. 비평의 대상이 될 수 있는 영역은 매우 범위가 넓고 다양하지만, 이 장에서는 과학 서평과 영화 비평으로 한정한다. 이 장은 비평문 쓰기의 절차와 과정을 소개하고 예문의 읽기를 통해 비평문의 특징을 파악하도록 안내하여, 이를 토대로 과학기술 비평 글쓰기 과정을 연습한다.

제7장에서는 과학기술 계열을 전공하는 이들이 기존의 다양한 학술적 정보에 접근하고 그것을 문제해결 과정에 활용하여 학술 집단 안팎에서 효율적으로 소통할 수 있도록 학술 글쓰기의 체계와 작성 단계를 안내한다. 우리는 대학이라는 학문적 소통의 장에서 자신의 전공 영역과 관련한 여러 연구 결과들을 찾고 이해하며 새로운 문제의식과 연구목적을 수립해야 한다. 이러한 탐구와 실험, 고찰과 공유의 과정은 학문의 장에서 동료들과 논의하고 검토하는 작업을 필수적으로 동반한다. 이 장에서는 이러한 학술적 소통의 형식적 체계와 절차, 문제해결 과정과 결과를 검토하여 이를 토대로 과학기술 학술 글쓰기 과정을 연습한다.

과학기술 글쓰기 수업은 과학기술 영역의 전문가로 성장하기 위해 과학기술의 시각에서 문제를 진단하고 해결 방안을 상상하여, 자신의 생각을 논리적이고 효율적으로 구성한 글로 표현할 수 있도록 안내하는 시간이다. 그 과정에서 과학적 지식과 기술에 대한 자신의 사고를 시의성과 호소력을 갖추어 과학기술 에세이와 비평, 그리고 학술 글쓰기 등을 통해 표현할 수 있도록 이론과 실제를 학습한다. 이를 바탕으로 우리는 차츰 과학기술인으로서 갖추어야 할 사고와 소통의 역량을 강화하고 과학기술인에게 특화된 글쓰기 디자인 전략을 정교하게 계발해갈 수 있을 것이다.

2023년 7월

집필진 일동

01

왜 과학기술 글쓰기를 해야 하는가?

1. 과학기술 글쓰기의 의미
2. 과학기술 글쓰기의 특성

1. 과학기술 글쓰기의 의미

1) 과학기술과 학문적 글쓰기

인간의 삶을 과학기술을 떼어놓고 생각할 수 있을까? 산업혁명 이후 인간이 보다 편리하게 살아갈 수 있도록 기술력을 빠르게 발전시켜 왔으며 21세기 현재 인간의 지적 능력을 대신[혹은 대체]하는 인공지능을 개발하기에 이르렀다. 인공지능은 인간의 한계를 보조하는 기계의 역할을 넘어 인간의 고유한 영역을 침범해 들어오고 있다. 가까운 미래에 인공지능과 인간의 자리가 전도된 세상을 맞닥뜨릴 수 있다고 우려하는 목소리가 높은데 우리가 인공지능을 포기할 수 있을까? 인공지능을 포함해서 과학기술력의 발전 없는 인류의 미래를 상상하기란 쉽지 않을 것이다. 그렇다면 인공지능과 인간의 공존, 인간에게 유용한 과학기술의 발전의 중요할 텐데 이를 위해서 인류는 어떠한 노력을 해야 할까?

일찍이 인간의 노동력을 대신한 기계에서부터 오늘날 인간의 지능을 대신하는 인공지능을 넘어 미래에도 과학기술은 인류의 존속을 위해서 커다란 역할을 할 것으로 기대한다. 오늘날 과학기술 분야의 종사자들은 자신들의 연구 성과를 일반 대중들과도 소통할 수 있는 능력을 갖추어야 한다. 과학기술의 전공 분야에 대한 새로운 지식을 관련 분야의 종사자들과 나누는 것으로는 부족하며 대중들과 함께 할 필요가 있는 것이다.

오늘날 과학 및 IT 기술이 점점 발전함에 따라 과학적 지식을 활용해서 다양한 기술문화 현상을 서술하는 과학기술 글쓰기가 점점 강조되고 있다. 과학기술 분야의 종사자들에게 과학기술과 글쓰기가 결합된 과학기술 글쓰기 능력을 요구하고 있는 것이다. 그렇다면 과학기술 글쓰기란 무엇인가? 어떤 대상에 대해 어떠한 방법을 통해서 쓰는 것이 과학기술 글쓰기인가?

우리는 '글쓰기' 하면 직업으로 혹은 취미활동으로 문학 작품을 창작하는 '작가'의 일로 생각하기 십상이다. 대개의 문학 작품은 우리의 경험을 소재로 하고 일상적인 언어를 사용해서 만들어진다. 그런데 문학 작품에서 언어란 우리가 일상적으로 사용하는 언어 그대로가 아니라 싱징과 은유, 비유, 함축 등의 수사적 기법을 통해서 낯선 언어가 되어 돌아온다. 문학 작품에서 '경험' 역시 가공되어 우리들을 현실과 다른 새로운 어떤 세계로 데려다놓는다. 이러한 문학 작품에서의 '글쓰기'에 대해 재능이 따라야 한다고 말하기도 후천적인 노력이 중요하다고 말하기도 한다.

실제로 글쓰기는 작가의 전유물은 아니며 쓰고자 하는 사람이라면 누구나 쓸 수 있다. 쇼셜 네트워크 서비스(SNS)를 통해서 다른 사람의 생각과 경험을 공유하고 있는 지금 글쓰기는 누구나의 일상이 되었다. 현재 우리대학을 비롯해서 국내 대부분의 대학에서 교양교육의 핵심으로서 특별히 글쓰기 능력을 강조하고 있다. 대학, 연구 기관 등의 학문공동체에서 학문적 글쓰기 능력이 요구되고 있는 것이다.

대학에서 학문적 글쓰기는 대체적으로 인문학, 사회과학, 과학기술 글쓰기의 세 영역으로 구분한다. 여기에서 인문학과 사회과학의 두 영역을 합해서 인문사회 글쓰기라고 부르기도 한다. 과학기술 글쓰기는 주로 이공계의 대학에서 통용되는 글쓰기이다. 우리의 관심 분야가 바로 과학기술 글쓰기이다. 이제 본격적으로 과학기술 글쓰기란 무엇인지에 대해 알아보자.

먼저 과학기술 글쓰기는 과학기술에 관련된 소재를 다루어야 하고 어느 정도 글의 형식 혹은 체재가 정해져 있다. 과학기술 글쓰기는 객관적이고 명시적인 언어를 사용해서 논리를 구축하는 것이 우선이다. 과학기술 분야에서 새롭게 발견한 어떤 사실에 대한 정보를 제공하거나 실험 혹은 연구를 통해서 글쓴이가 새롭게 구축한 논리를 독자에게 설득하기 위한 것이다.

다음은 최재천이 쓴 과학기술 에세이 '진화는 진보인가?' 가운데 일부다.

> 생명의 역사를 돌이켜 보면 복잡한 생물이 보다 단순한 생물로부터 진화한 것은 사실이나 모든 생물의 구조가 언제나 단순한 데에서 복잡해지는 방향으로 진화하는 것은 아니다. 시간이 흐름에 따라 전보다 복잡한 생물도 등장한 것이지 결코 모든 생물이 좀 더 복잡하게 변화하는 방향성 같은 게 존재하는 건 아니라는 것이다. 단세포 생물 중에서도 태초부터 지금까지 이렇다 할 변화도 겪지 않고 살아남은 것들이 있는가 하면 비교적 최근에 분화된 것들도 있다. 이렇듯 진화에는 방향성이 없다.
>
> (…중략…)
>
> 다윈의 자연 선택론이 보편적으로 받아들여지기 전까지 서양인의 자연관은 기본적으로 아리스토텔레스(Aristoteles)의 Scala Nature, 즉 '거대한 존재의 사슬(Great Chain

of Being)'이라는 개념에 기초를 둔 것이었다. 거대한 사다리의 저 밑바닥에는 박테리아와 원생동물 등 이른바 단세포 생물이 있고 위로 올라가면서 곤충, 어류, 양서류, 파충류, 포유류가 나오고 드디어 맨 꼭대기에는 인간이 서 있다고 믿었다. 다윈 자신은 원래 '미리 예정되어 있는 것을 펼쳐 보인다.'는 의미를 지닌 그리스 어 evolvere에서 파생되어 나온 evolution이란 용어의 사용을 꺼려 했다. 대신 그는 "세대 간 돌연변이(transmutation)" 또는 "수정된 상속(descent with modification)"이라는 표현을 주로 썼다. 『종의 기원』이 판을 거듭하며 다윈은 결국 너무나 굳어버린 용어인 'evolution'을 받아들이지만, 일기에서는 이 세상의 생명체들을 논할 때 "나는 결코 어느 것이 하등하거나 고등하다고 쓰지 않겠다." 라고 다짐하기도 한다.

진보라는 말 속에는 목적 또는 목표의 개념이 내포되어 있다. 하지만 진화에는 목적성이 없다. 만일 진보가 '향상'이라는 개념으로 쓰인 것이라면 거의 모든 생물들이 나타내 보이는 적응 현상들은 다 나름대로 예전 상태보다 향상된 상태를 의미한다. 개선이나 효율의 관점에서 진보를 얘기하려면 각각의 생물이 처해 있는 환경 내에서 분석해야 한다. 인간의 지능이라는 잣대에 맞춰 다른 동물들의 능력을 비교할 수는 없다. 어둠 속에서 방향을 잡는 능력을 비교하면 초음파를 보낸 후 그것이 물체에 부딪혀 되돌아오는 것을 분석하는 방법을 개발한 박쥐들이 한 치 앞도 분간할 수 없는 인간보다 훨씬 진보했다고 평가해야 옳을 일이다. 따라서 진화의 역사에서 객관적인 진보의 흔적을 찾을 수 없다는 것이 현대 진화 생물학의 관점이다.(최재천, 2022: 75-77)

최재천은 위의 글을 통해서 다윈의 저서 "종의 기원"(1859)이 '판을 거듭하면서' '굳어버린' '진보(evolution)'라는 용어에 대한 오해를 풀어내고자 한다. 이른바, 다윈의 핵심 이론인 '진화론'에는 원래 생물에 대한 진화의 역사에 대해 어떤 '목적성' 혹은 '향상'의 의미가 들어있지 않다는 것, 다윈은 애써 '진보'라는 표현을 사용하는 것을 피했다는것, 그런데 "종의 기원"이 거듭 발간되고 '개선' 혹은 '효율'의 의미를 담고 있는 '진보'라는 표현이 사용되면서 진화론에 대해 오해가 시작되었다는 것이다. 실제로 다윈의 '진화론'을 '적자생존' 혹은 ' 약육강식'과 관련해서 이해하고 있는 사람들이 적잖다. 이에 최재천은 현대 진화 생물학은 다윈의 생물 진화의 역사를 생물종의 '진보'가 아닌 변화의 차원에서 바라보아야 한다고 주장한다.

앞의 인용문은 글쓴이 최재천 특유의 감성이나 상상력에 바탕으로 쓰여진 글이 아니다. '단세포 생물', '자연 선택', '돌연변이'와 같은 생물학 분야에서 사용하는 전문 용어를 동원하고 객관적이고 명시적인 어휘를 사용해서 진화론에 대해 사실적인 정보를 제공하고 있다. 최재천은 다윈 '진화론'이 잘못 이해되고 있는 부분을 바로잡고 독자를 이해시키기 위해 필요한 어휘를 동원해서 자신의 논리를 세우고 있는 것이다.

대체적으로 문학작품은 일상의 언어를 낯설게 하는 수사적 기교가 필요하다. 그러나 과학기술 글쓰기는 그러한 수사보다 익숙하고 관습적인 언어를 그대로 사용해서 지시하는 대상과 일대일의 관계로 만나도록 하는 것이 우선이다. 글은 글쓴이가 의도한 바를 독자에게 쉽고 정확하게 전달하는 것이 중요하다. 과학기술 글쓰기에서 수사가 필요하다면 그러한 논리를 강화하기 위해 사용하게 된다.

과학기술 글쓰기는 무엇보다 독자의 눈높이와 함께 매체의 특성을 검토하는 일이 중요하다. 영국에서 발행되고 "Nature"나 미국에서 발행되고 있는 "Science"와 같이 과학기술 전문 분야의 연구자들을 독자로 삼고 있는 학술지라면 관련 분야의 전문 용어를 사용하고 최신의 연구 동향을 반영하여 시의성을 확보할 필요가 있다. 그런데 우리나라에서 발행되고 있는 "ROBOT"나 "과학동아"와 같은 과학 잡지라면 일반 독자들이 쉽게 이해할 수 있도록 대화체의 문체를 선택하고 쉬운 언어를 사용해서 자세하게 설명하는 것이 좋다.

고대 그리스의 철학자 플라톤은 시인이 시를 쓰는 과정을 접신(接神) 행위에 비유했다. 플라톤은 좋은 시를 쓰기 위해서 천재적인 영감, 타고한 능력이 중요하다고 본 것이다. 이 경우 글쓰기는 고독한 천재의 개인적인 작업이 된다. 실제로 세계적인 문학 작품이 그렇게 태동했다고 말하지 않은가. 20세기 초 프랑스의 작가 마르셀 프루스트가 쓴 "잃어버린 시간을 찾아서"라는 소설을 일례로 들 수 있다. 프루스트는 자신의 침실을 코르크로 막아 바깥 소리가 들리지 않게 하고 커튼을 쳐서 햇빛을 차단했으며, 특별히 외출할 경우 오버코트로 세상과 막을 쳤을 만큼 세상과 절연한 채로 "잃어버린 시간을 찾아서"라는 대작을 완성했다고 한다.

그런데 과학기술 글쓰기를 비롯한 학문적 글쓰기에서는 천재의 고독한 글쓰기는 오히려 피해야 하는 일이다. 이를 테면 과학기술로 인한 어떤 문제가 발생했을 때 해결책을 찾기 위해서는 여러 사람들과 아이디어를 공유하고 도움을 주고받아야 하는 것이다. 과학기술 글쓰기는 누구든지 혼자서 할 수 있는 작업이 아니며 주변 동료들 혹은 같은 분야에 속하는 사람들과 적극적으로 교류하고 협력하는 가운데 쓸 수 있다.

과학기술 글쓰기는 문학 작품처럼 글쓴이가 자유자재로 쓰는 것이 아니다. 과학기술 글쓰기는 각기 전문 분야와 학문공동체에 따라서 글의 양식과 체제가 어느 정도는 정해져 있다. 먼저 글쓰기의 양식이나 체제를 익힌 다음 체계적인 과정을 거쳐서 글을 완성해야 하는 것이다. 과학기술 글쓰기를 위해서 타고난 글쓰기의 재능이 필요한 것은 아니며 양식과 체제를 익히면 누구나 쓸 수 있다.

■ 인문학과 과학기술의 통섭: 과학기술 글쓰기

과학기술 글쓰기에서 과학기술은 (자연)과학에서 출발하며 글쓰기는 인문학의 영역에 속한다. 과학기술 글쓰기는 인문학과 자연과학의 이질적인 학문이 만나서 된 것이다.

먼저 인문학(人文學)이란 실은 인문과학(人文科學)을 줄여서 쓴 말이다. 정치·경제·사회·역사·철학·문학 등 인간과 인간 사이에서 어떤 의미를 발견하는 것, 또 눈에 보이는 현상에 대해 탐구하고 보이지 않은 것을 유추하여 언어로 표현한 것이 인문(과)학이다. 다음으로, 자연과학(自然科學)은 자연 현상과 우주 삼라만상의 움직임에 대하여 객관적이고 과학적인 진리를 탐색하고 그 과정과 결과를 역시 언어로 표현한다. 이렇게 볼 때 인문학과 자연과학이 뚜렷하게 대비된다. 그런데 실제로 인문학과 자연과학의 두 영역이 뚜렷하게 구분될까?

미국의 생물학자 에드워드 윌슨(E. O. Wilson)은 “인간 정신의 가장 위대한 과업은 인문학과 자연과학의 만남이다”라고 말하며 지식의 통섭(統攝, consilience)을 강조한다. 실제로 아인슈타인의 상대성 원리와 하이젠베르크의 불확정성 원리는 과학의 영역을 넘어서 예술가와 인문학자, 그리고 일반 사람들이 세계를 절대적이고 고정적으로 바라보던 관점을 상대적이고 유동적으로 인식하는 계기가 되었다.

21세기의 현재 인문학과 (자연)과학은 어떻게 만나고 있는가? 2016년 알파고[구글의 딥마인드가 개발한 인공지능 바둑 프로그램]와 이세돌의 바둑 대결은 4차 산업혁명 과학기술의 한 단면인 인공지능(Artificial Intelligence)의 기술력을 보여주었다. 인간이라면 천 년이 걸리는 백만 번의 대국을 4주 만에 학습한 알파고가 이세돌 9단을 가볍게 누르고 승리를 거두는 모습은 많은 사람들에게 충격을 던져 주었다. 그러한 장면은 인간이 기계의 아바타로 기능한 현장을 보여주는 것이기도 했다. 이후 알파고의 다른 버전들 사이에 대결이 이어졌고 마지막 알파고의 'Zero' 버전은 인간이 알지 못하는 수를 두었고 최종적으로 승리했다. 개발자들의 통제를 넘어선 Zero 버전의 알파고는 AI가 인간의 존속에 위협이 될 수도 있다는 것을 깨닫게 했다. 사람들은 가까운 미래에 인간이 기계에 지배당할 수도 있다는 위기의식을 갖게 된 것이다. 이로써 과학기술에 대한 인문·사회 영역에서의 관심이 절실해졌다. 미래 인류의 존속을 위해서 지금 이 시간도 발전의 속도를 늦추지 않고 있는 과학기술에 대한 성찰이 요구되고 있는 것이다.

21세기는 지식정보화 사회로 요약된다. 인문학과 과학이 결합하고 기술이 정신과 만나는 21세기의 시대를 주도하는 과학기술자가 되기 위해서는 과학기술 전문 분야에 대한 실력에 더해서 인문학적 상상력과 표현력을 겸비해야 한다. 인문학과 과학기술의 통섭의 장이 과학기술 글쓰기인 것이다. 그리하여 21세기가 요구하는 다재다능한 인재가 되기 위해서 과학기술 글쓰기의 능력을 갖추어야 한다. 이러한 과학기술 글쓰기에서 관건은 논리적인 글쓰기이며 이는 끊임없는 훈련을 통해서 익힐 수 있다.

【활동】

1. 과학과 예술은 엄격하게 구분되는 영역인가? 과학과 예술이 서로 다른 영역이라면 그 경계는 무엇인지에 대해 말해보자.

2. 과학과 예술이 만나야 한다면, 즉 두 영역의 통섭이 필요하다면 그 이유는 무엇인지에 대해 말해보자.

2) 과학기술 글쓰기의 정의

지난 20세기는 산업 현장은 물론이고 대학이 특정 영역에 대한 직능과 지식을 갖춘 전문인을 배출할 것을 요구했다. 우리의 대학 이전 교육 기관에서 교사가 제시하는 것을 수동적으로 학습하는 데 치우쳐 있는 학생들이 현재 여기에 부응한다. 그런데 대학에 오면 학습자 스스로 문제를 제기하고 어떤 문제에 대해 창의적인 해결책을 제시할 수 있는 인재가 되어야 한다. 우리 사회는 21세기 4차 산업혁명의 조류 속에서 미래사회 전방위적인 분야에 걸쳐 개인의 역량을 발휘할 수 있는 창의적이고 융·복합적인 인재를 대학에 이르러서야 육성하고 있는 것이다.

4차 산업혁명과 과학기술은 떼놓고 생각할 수 없으며 과학기술은 가속일변도의 길을 가고 있다. 그런데 관련 분야의 전문가를 비롯해서 많은 사람들이 과학기술의 발전이 사회적·윤리적으로 부당하고 불평등한 미래를 야기하고 급기야 인류의 존속에 위협이 될 것이라는 우려의 목소리를 점점 높이고 있다. 과학기술로 인해 미래사회가 직면하게 될 문제들을 해결할 수 있는 능력을 갖추기 위해 인문학적 상상력과 이공학적 창의력의 만남이 그 어느때보다 중요해 졌다. 무엇보다 글쓰기는 읽기와 분석, 사고와 표현을 결합한다는 점에서 4차 산업혁명의 시기 융·복합적 학문의 가장 기본적인 출발점으로 유용한 방법이 된다. 그렇다면 과학기술 글쓰기란 무엇인가. 어떻게 작성하는 것이 과학기술 글쓰기인가. 여기에 과학기술 글쓰기의 역할이 있는 것이다.

과학기술 글쓰기(Science and Technical Writing)는 '과학기술'과 '글쓰기'가 더해진 용어이다. 먼저 '과학기술'은 과학(科學, Science)과 기술(技術, Technology)의 합성어다. '과학기술'에서 '과학'은 '자연과학'을 줄인 말이고 '기술'은 어떤 일을 효과적으로 할 수 있는 방법이나 능력을 의미한다. 이로써 '과학'과 '기술'의 두 단어가 합해진 '과학-기술'은 과학 현상을 이용하거나 과학 이론을 적용해서 자연을 인간이 생활하는 데 유용하도록 변화시키는 방법이라고 할 수 있다. 근대 이전에 과학과 기술은 분과 학문에 속했으나 산업혁명 이후 과학과 기술은 서로 뗄 수 없는 관계가 되었다.

다음으로 '과학기술'과 '글쓰기'의 만남이다. '과학기술'과 '글쓰기'는 서로 다른 영역에 속해 있으며 그 성격 역시 이질적이다. 먼저 과학기술은 물질을 다루며 사실에 기초한다.

우리 사회에는 과학기술에 대해서 가치 중립이 우선한다는, 즉 '과학기술'은 기능이 요체인 만큼 유용과 무용은 따진다든지 악용과 선용을 논하는 등의 가치 판단을 배제해야 한다는 주장이 있다. 그에 반에 '글쓰기[글 혹은 쓰기]'는 생각이나 말을 글자로 표현한 것이며 여기에 반드시 글쓴이의 가치 판단에 개입한다는 사실이 이의를 제기할 사람은 없을 것이다. 쓰기에서 가치 판단은 사실과 다르게 느낌이나 정서의 반영 혹은 주관적인 평가를 말한다(손화철, 2022: 57-58)는 점에서 어떤 문제에 대한 가치 판단 없이 글을 쓴다는 것은 불가능한 일이다.

이제 과학기술 글쓰기란 어떤 글쓰기인가에 대해서 정리해 보자. '과학기술'과 '글쓰기'가 만났다는 점에서 과학기술 글쓰기는 과학기술에 대한 글쓴이의 가치 판단을 전제한 글쓰기이다. 다시 말하면 과학기술 글쓰기는 과학기술 관련해서 새롭게 발견한 사실, 과학기술 종사자들 혹은 대중에게 전달할 만한 정보, 실험 혹은 연구에 대해 체계적인 논증을 포함한 글쓰기로 학문적 글쓰기의 하위 범주에 속한다. 자연 현상에 대해 관찰하고 유추한 것을 실험과 검증, 분석을 통해 일반화하고 과학기술의 응용 혹은 문제적인 측면에 대해 비교적 객관적이고 전문적인 언어로 표현한 글의 양식이 과학기술 글쓰기이다.

【활동】

과학기술 글쓰기에서 언어는 '객관적'이어야 한다고 말한다. 그렇다면 과학기술 글쓰기에서 언어의 객관성은 얼마나 타당한 것인가 하는 문제에 대해 생각해 보자.

3) 과학기술 글쓰기의 필요성

우리는 다른 사람에게 생각을 전달하거나 다른 사람과 협력할 필요가 있을 때 주로 말을 하거나 글을 쓴다. "말 한마디에 천 냥 빚도 갚는다"라는 속담이 있듯이 말은 상황에 따라 적절하게 하면 우리의 어려움을 해결해 준다. 그러나 어떤 경우에 말은 우리가 의도한 것과 다르게 해석되어 상대방의 오해를 불러일으키기도 한다. 때로는 채 정리되지 않는 우리의 생각이 갑자기 입 밖으로 튀어나와 난처한 상황에 직면하기도 한다. 그렇다면 글의 경우는 어떠한가. 우리는 어떤 문제에 대해 정리되지 않으면 글을 시작할 수 없다. 문제에 대해 자신의 생각을 차분하게 정리한 다음에야 어떤 글이든지 쓸 수 있는 것이다. 이로써 인간에게 자신의 생각을 가장 깊이 있고 오해 없이 전달할 수 있는 매체로 글쓰기를 꼽게 된다.

인류에게 오랜 동안 글을 발표하고 읽을 수 있는 매체는 주로 책이었다. 작가 혹은 지식인이 글을 써서 책으로 펴내면 사람들은 도서관에서 책을 빌려서 읽거나 개인적으로 구(입)해서 읽었다. 작가와 독자가 어느 정도 구분되어 있었던 것이다. 그런데 정보화 시대인 지금은 어떤가. 작가는 물론이고 변호사·의사·과학기술자 등의 전문직 종사들 역시 칼럼이나 책을 통해서 각기 전문 분야의 지식 혹은 자신의 견해를 표출할 수 있게 되었다. 작가가 아니고 전문직에 종사하지 않더라도 많은 사람들이 일상에서 인터넷 홈페이지와 이메일, 블로그, 미니홈피, 카페 등을 통해서 자신이 직접 글을 쓰고 다른 사람이 쓴 글을 읽는다. 우리는 일생상활과 공공기관 그리고 기업체 전반에 걸쳐 글쓰기 능력이 경쟁력이 되는 시대에 살고 있다.

다음은 OO대학교 OO컴퓨터 공학과를 졸업한 최OO 과장의 일과를 정리한 글이다.

> 아침 7시 10분에 회사로 출근한다. 아침에 출근하면 먼저 OO회사 그룹웨어에 접속하여 업무처리 결재현황을 확인한다. 또한 메일을 읽고 메일 회신을 한다. 오전에 업무보고가 있는 날이면 회의 보고자료를 준비하고 사업추진 현황 보고 회의를 한다. 회의가 끝나면 회의록을 작성하여 결과보고 후 각 부서 및 이해관계 기관에 협조 문서를 발송한다. 오후에는 상위 기관에 보고한 주요 업무보고 자료와 질의 대응을 위한 예상 질의 문서를 작성하여 총괄 부서에 내부결재 후 문서로 발송한다. 또한 최근에 구매한 자산 구입 물품에 대해 납품계

문서와 작업내역서를 작성하여 납품완료 서류를 회계부서에 제출한다. 또한 차주에 있을 OOO업무 관련 현장 시범실증을 위한 현장 회의 참석 대상자에게 참석 안내 메일과 문자를 발송하고 유선으로 전화해서 메일 확인을 부탁한다. 마지막으로 내일 OO분야 작년 실적 보고를 위해 상위 기관에서 실시하는 "실적 보고서 작성 설명회"에 참석하기 위해 출장보고서를 기안하고 미리 결재를 득한다. 어느덧 퇴근 시간이 되어 업무를 정리, 서류 정리 후 퇴근한다.

위의 글에서 OO 회사에서 일하는 최OO 과장 하루 업무가 글 읽기와 글쓰기의 반복이라는 사실을 알 수 있다. 우리나라 공공 기관 혹은 기업체에서의 일하는 여느 과학기술 종사자들 역시 최OO 과장의 일과와 크게 다르지 않을 것이다.

업무의 연장으로 과학기술 글쓰기는 도처에서 사용된다. 제품 사용설명서가 그 가운데 하나다. 일반적으로 기업체에서는 출시한 제품에 대해 사용설명서를 제공한다. 그런데 소비자가 오인(誤認)하도록 사용설명서를 쓸 경우 제조물책임법(2018.4.19. 시행)에 의거해 제품 사용설명서에서 오인으로 인해 발생한 손해는 제조업체가 책임지게 되어 있다. 기업체에서 과학기술자가 제품 사용설명서를 제대로 작성하지 못할 경우 회사에 손실을 초래할 수 있는 것이다.

과학기술 분야에서 연구와 실험을 비롯한 여러 활동과 글쓰기를 따로 떼어놓을 수 없는 상관관계에 있다. 무엇보다 과학기술 글쓰기는 독립적 연구자가 생각한 연구 과제를 글로 어떻게 표현하는지에 따라 관련 기관으로부터 연구비를 수주받느냐 못 받느냐를 가르는 결정적 요소로 작용한다. 과학기술자가 연구소나 기업체에서 연구·개발의 업무를 당당할 경우 과학기술 글쓰기 능력이 프로젝트의 성공 여부를 결정짓는 중요한 요소가 되는 것이다. 과학기술 분야의 종사자가 어떤 것을 새롭게 발견했다고 하더라도 그것이 글로 표현되지 않는다면 그 의미와 효용성을 따지기가 어렵게 된다. 과학기술 분야에서의 성과가 연구실과 실험실에 머무르면 안 되며 글쓰기를 통해서 비로소 세상 밖으로 나와 독자와 소통될 때 비로소 그 의미가 완성되는 것이다.

과학기술 글쓰기에서 누구를 독자로 상정할 것인가의 문제를 빼놓을 수 없다. 과학기술 글쓰기의 독자는 해당 분야의 전문가들뿐만 아니라 비전문가와 일반인들을 아우른다. 기본적으로 과학기술자들은 과학기술 분야의 전문적 내용을 비전공자도 쉽게 이해할 수 있도록 작성해야 한다. 리처드 도킨스가 "이기적 유전자"를, 찰스 다윈이 "종의 기원"을, 레이첼 카슨이 "침묵의 봄"을 칼 세이건이 "코스모스" 등의 책들을 일반인들이 쉽게 이해할 수 있도록 쓰지 않았다면 과학이 우리의 삶에 미친 영향은 그만큼 미비했을 것이다.

특별히 4차산업 혁명 시대는 과학 및 IT 기술이 날로 발전함에 따라 대중들에게 전문적 이론을 효과적으로 전달할 수 있는 글쓰기가 더 절실해졌다. 과학기술자들은 보다 명확하고 설득력 있는 표현 능력을 필수적으로 갖추어야 한다. 우리 대학을 비롯해서 여러 대학에서 과학기술 관련 분야를 공부하는 이공계 학생들을 위한 글쓰기 교육을 위해 과학기술 글쓰기 교과를 개설한 까닭이 여기에 있다.

【활동】

일반인들을 대상으로 자신이 속한 학과(학부)에 대해 소개하는 글을 한 단락으로 작성해 보자. 자신이 쓴 글을 동료들과 바꿔 읽고 전공 관련 내용을 정확하게 전달하고 있는지, 일반인들이 쉽게 이해할 수 있도록 글을 작성했는지 서로 평가해 보자.

2. 과학기술 글쓰기의 특성

1) 과학기술 글쓰기의 언어와 표현

학문적 글쓰기는 학문공동체에서 통용되는 규칙에 따라서 글을 작성해야 한다. 학문적 글쓰기에 속한 과학기술 글쓰기는 과학 및 기술 공학 분야에서 업무의 연장으로 혹은 학술적 필요에 따라 작성하는 글이므로 각각의 학문공동체에서 정한 규칙을 지키면서 글을 작성하게 된다.

과학기술 분야 종사자들은 먼저 자연에 대해 올바르게 관찰하고 이해하고 이를 응용하여 인간이 살아가면서 발생하는 현실적인 문제들을 해결할 있는 방법을 찾아내고 이를 분명하게 간결하게 표현한다. 글쓰기에 앞서 과학기술 및 공학 분야의 전문 지식과 연관된 사실에 기초해서 독자가 신뢰할 만한 내용을 중립적인 태도로 진술할 수 있도록 준비한다. 글을 작성할 때에는 필요에 따라 전문 용어를 사용하도록 하고 글 내용의 구체적인 의미를 드러낼 수 있는 어휘를 선택해서 문법적 오류가 없도록 문장을 써야 한다.

다음은 김상욱의 글 '모두 같으면서 모두 다르다' 가운데 일부다.

> 일란성 쌍둥이도 자세히 보면 다르다. 하나의 DNA에서 시작했지만 살면서 외부 환경의 영향으로 차이가 생기기 때문이다. 외부 환경이 똑같아도 차이가 생긴다. 우리 몸의 세포들은 끊임없이 복제되고 있기 때문이다. 그렇지 않다면 몸의 형태를 유지할 수 없다. 인간 유전체에는 32억 개의 염기쌍이 있다. DNA 한 개를 복제하는 것은 전 세계 인구 절반에 해당하는 사람들의 이름을 장부에 옮겨 적는 거랑 비슷하다. 더구나 사람의 몸에는 30조 개 정도의 세포가 있고, 세포마다 DNA가 하나씩 있다. 세포가 복제될 때에는 DNA도 복제되지만 그 과정에서 필연적으로 실수가 일어난다. 결국 쌍둥이조차도 세포 수준에서 완전히 똑같을 수는 없다는 의미다.(김상욱, 2018: 58)

위의 글이 보여주듯이 과학기술 분야의 글은 객관적인 어조로 작성해야 한다. 글쓴이

특유의 감성적이고 주관적인 어조는 과학기술 글쓰기에 적합하지 않다. 무엇보다 과학기술 글쓰기에서 어휘 선택이 중요하다. 글에서 사용하고자 하는 어휘의 의미가 구체적이고 글쓴이의 주관적인 판단을 배제할 때 글의 객관성이 확보될 수 있다. 글쓴이가 다루고자 하는 문제에 대해 사실과 정보를 구체적이고 객관적으로 다루어야 하는 동시에, 어법과 표기 규정에 맞는 문장으로 작성할 때 독자에게 글의 내용이 정확하게 전달될 수 있는 것이다.

과학기술 분야에 속한 대부분의 글들은 전문적인 내용을 다루고 있어서 관련 종사자들 외에 일반인들이 접근하기가 쉽지 않다. 그런 점에서 과학기술자들은 난해한 이론이나 새롭게 발견한 사실을 쉽게 설명하기 위해서 은유의 방법을 사용해 왔다. 김동명이 지은 시 "내 마음은"에서 시적 화자는 '내 마음은 호수요, 촛불이요, 나그네요, 낙엽이요'라며 '연인[그대]'를 부르고 있다. 시적 화자가 자신의 마음을 호수와 낙엽, 그리고 나그네의 이미지와 등치시키며 연인에게 자신의 마음을 표현하고 있는 것이다. 김동명은 이 시에서 사물[혹은 사람] 사이의 유사성에 근거해서 의미를 부여하는 은유의 기법을 적절하게 사용하고 있다. 주로 문학적 기법으로 알려져 있는 은유의 방법이 과학기술 글쓰기에서도 자주 사용되고 있다.

다음은 최재천의 글 '눈먼 시계공' 가운데 일부다.

> 도킨스에 따르면 자연 선택의 결과로 나타난 오늘날의 생명체들은 마치 숙련된 시계공이 설계하고 수리한 결과처럼 보이지만 실제로 앞을 보지 못하는 시계공이 나름대로 고쳐보려고 애쓰다가 번번이 실패만 거듭하다가 포기한, 그런데 어느 순간 갑자기 정말 가끔 요행으로 째깍거리며 작동하는 시계라는 존재라는 것이다.(최재천, 2022: 104-105)

다윈의 '자연선택' 이론은 특수한 환경에서 생존하기에 적합한 형질을 지닌 개체군이 같은 환경에서 생존하기에 부적합한 형질을 지닌 개체군에 비해 '생존' '번식'하는 데 이익을 본다는 내용을 함축한다. 오늘날 생명체의 기원을 설명하는 것이기도 한 다윈의 자연선택설에서 핵심은 생명체의 생존과 번식이 우연에 의한 결과라는 것이다. 최재천은 자신이 쓴 글에서 다윈의 이러한 생명체의 '자연선택'이 눈먼 시계공이 '요행'처럼 우연히 시계를 고치는 우연한 일로 설명하고 있다. 이렇듯 눈먼 시계공의 은유를 통해서 독자는 다윈의 자연선택설을 보다 쉽게 이해하며 과학에 대한 흥미가 유발될 수 있는 것이다.

대개의 문학작품은 불특정 다수를 독자로 상정한다. 그런데 과학기술 글쓰기는 크게 전문가와 일반 대중의 독자층이 세분화되어 정해져 있는 만큼 글을 쓸 때에는 독자를 충분히 고려해야 한다. 독자가 누구냐에 따라 어휘를 다르게 선택해야 하고 은유와 같은 수사적 방법을 동원한 필요가 있다. 경우에 따라 충분한 예증을 통해서 글쓴이가 의도한 바가 제대로 전달될 수 있도록 해야 한다.

과학기술 분야의 연구에서는 언어로 표현하기 어려운 물리적인 대상의 수치를 나타내는 자료들이 자주 제시된다. 과학기술 글쓰기에서 수치에 대한 자료들을 효과적으로 작성할 필요가 있다. 수치를 나타내는 자료를 효과적이고 논리정연하게 보여주기 위해서 도표, 표, 그래프, 다이어그램, 사진, 일러스트레이션 등의 방법을 적절하게 활용하도록 한다. (도)표는 많은 양의 정보를 적은 공간을 통하여 요약 정리해서 보여줄 필요가 있을 때 유용하다. 그래프는 복잡하게 숫자를 나열하지 않고 직관적으로 알 수 있도록 데이터를 표현할 때 사용한다. 그 밖에 다이어그램이나 사진, 일러스트레이션 등의 시각 자료는 자료를 사실적이고 구체적으로 보여줄 때 효과적이다.

2) 과학기술 글쓰기의 유형

어떤 글을 작성할 것인가. 과학기술 글쓰기는 글을 쓰는 이유와 목적, 연구 주제와 실험 내용 등에 따라 여러 유형으로 나눌 수 있다. 과학기술 분야 종사자들이 주로 쓰게 되는 글에는 연구계획서, 제안서, 연구 노트, 연구·실험 보고서, 학위 논문, 학술논문, 과학기술 에세이 등이 있다. 이러한 과학기술 글쓰기는 그 유형에 따라 요구하는 내용과 형식이 어느 정도 정해진 있다. 글의 종류에 따라 규칙을 숙지하고 글을 작성해야 하는 것이다.

먼저 과학기술자가 어떤 연구를 본격적으로 수행하기 전에 연구를 설계하는 연구계획서가 있다. 우리가 집을 짓기 위해서는 먼저 설계도를 그리듯이 연구계획서는 어떤 연구 방법을 통해서 어떤 연구 결과에 이를지 연구의 전체 과정을 미리 조망해 보는 것이다. 연구계획서에서는 무엇보다 계획한 연구가 실현가능하고 연구 내용이 분명하다는 것을 보여줄 수 있어야 한다. 이를 위해서 연구의 절차를 체계적으로 제시할 필요가 있다. 연구계획서는 주로 대학원에 진학하거나 학술 분야에서 연구비를 지원받기 위해 작성한다. 이 경우 연구계획서를 제출하고 지도교수 혹은 관련 기관으로부터 승인을 받은 이후에 본격으로 연구를 진행하게 된다.

다음으로 특정 공모기관에서 요구하는 과제를 수행할 경우 작성하게 되는 제안서가 있다. 제안서는 대체로 제안 제목, 개요, 현황과 문제점 분석, 해결 방안, 기대 효과, 소요 기간과 비용 등의 주요 항목을 채울 것을 요구한다. 예를 들어서 기후 위기에 대한 연구비 지원이 필요하다면 연구하고자 하는 문제에 대해 개괄하고 핵심적인 요인에 대해 분석한 다음 해결책을 제시해야 한다. 그리고 연구 결과가 사회적으로 어떤 영향을 미칠 수 있는지에 대한 기대 효과를 예측하고 연구의 소요 기간과 비용을 책정해서 제안서를 제출한다. 이때 공모기관의 특성과 과제의 성격에 따라 제안서의 형식과 세부 항목은 얼마든지 다를 수 있다.

연구의 시작에서 어떤 주제에 대해 연구하고 실험한 내용 등을 사실에 근거해서 상세하게 기록한 연구 노트 또한 과학기술 글쓰기에 속한다. 과학기술 글쓰기 가운데 연구 노트에 토대해서 작성하는 것이 논문과 보고서이다. 보고서는 소속된 분야에서 상급자에게 전달하게 되는데 정해진 주제에 대해 자료를 수집하고, 수집한 자료를 체계적으로 분류하고 효과적으로 전달하기 위해 작성하며 과학기술 분야에서 가장 기초적인 저술이라고 할 수 있다. 보고서에는 특정 연구 기관에서 수주해 연구를 진행한 결과를 보고하는 연구보고서, 대학에서 관찰 및 실험 결과에 대한 데이터를 기술한 실험보고서 등이 있다. 보고서를 작성할 때는 사실과 의견을 구분해야 하며 보고하고자 하는 내용에 대해 근거를 충분히 마련하고 정해진 항목에 맞추어서 작성해야 한다.

과학기술 분야에 대해 일정 기간 학업을 이수하고 학문적 성취의 결과물을 학문공동체에서 정한 형식에 따라서 작성하는 것이 학위 논문이다. 학위 논문은 과학기술자로서 입문의 의미도 있다. 이후 새로운 과학기술의 발견이나 공학적 발명품을 고안할 경우 그러한 연구 업적을 학술 논문으로 작성하게 된다. 어떠한 주제에 대한 깊이 있는 연구를 통해 얻은 학문적 결과를 알리기 위해 해당 분야의 전문지식과 언어를 동원해서 쓴 글이 학술 논문이다. 학위 논문에 비해 글의 분량이 적다는 점에서 학술 논문을 소논문이라고 부르기도 한다. 학문공동체에 따라 학술 논문의 체재가 정해져 있는 만큼 정해진 체제에 따라서 글을 작성하고 해당 분야의 동료 연구자들의 심사 과정을 통해서 최종적으로 학술지에 글을 게재할 수 있게 된다.

연구계획서, 제안서, 연구 노트, 연구·실험 보고서, 학위 논문, 학술논문 등의 글쓰기는 비교적 과학기술 분야의 전문적인 독자를 대상으로 작성하게 된다. 그런데 과학기술자는 일반 독자들을 위해 자신의 전문 분야에 대해 글을 쓰는 경우도 많다. 과학기술 에세이는 과학기술의 전문적인 독자 외에 비전문적인 일반인들까지 독자로 상정한다. 글쓴이의 생각을 비교적 자유로운 형식으로 드러내는 글을 에세이라고 할 때 과학기술 에세이는 과학기술과 관련된 글쓴이의 생각을 비교적 자유로운 형식으로 드러내는 글이다. 과학기술 에세이는 과학기술에 대한 전문적이고 기술적인 서술보다 폭넓은 독자층이 이해할 수 있는 묘사와 설명 위주로 쓸 필요가 있다.

이 밖에도 과학기술 글쓰기에는 여러 유형이 있다. 연구계획서와 제안서, 연구 노트와 연구·실험보고서, 그리고 학위 논문과 학술 논문 외에 연구 과정에 필요한 메모, 전자 문서, 이력서(자기소개서), 특허 문서, 과학 및 공학 관련 칼럼 들 역시 과학기술 글쓰기에 속한다. 공공기관이나 기업체에서 일하면서 업무의 일환으로 작성하는 공문, 보고서, 작업지시서, 회계 및 결산 보고서, 투자유치서, 제품 사용 설명서 들 역시 과학기술 글쓰기에 포함된다.

과학기술자들은 자신의 목적과 필요에 따라 적합한 과학기술 글쓰기의 종류를 선택해서 요건과 항목을 갖추어서 글을 작성해야 한다.

3) 과학기술 글쓰기의 전망

미래학자 유발 하라리가 "호모 사피엔스는 바야흐로 스스로를 초월하고 있는 중이다"라고 말하듯 인류는 현재 지구사의 새로운 단계에 진입해 있다. 지구 밖에서는 국가들 사이 각축 속에 인공위성들이 지구 궤도를 돌고 있으며 지구 안에서는 사람과 사람을 연결시키는 인터넷 시대를 지나 사람과 사물과 사건이 실시간으로 연결되는 사물인터넷 시대에 들어서 있다.

사물인터넷에서 인공지능까지 인간의 삶에서 이러한 획기적인 변화는 과학기술의 발달에 힘입은 것이다. 과학기술은 우리의 삶에서 가장 큰 비중을 차지하고 있다. 지금 이 순간에도 과학기술은 그 속도를 늦추지 않고 있으며 계속해서 인간의 삶을 획기적으로 변화시킬 것이다. 인공지능, 로봇기술, 사물인터넷, 빅데이터, 가상현실, 생명과학 등 산업 생태계가 점점 확대되고 있으며 이제 인류의 미래는 과학기술과 떼어놓고 생각할 수 없게 되었다.

무엇보다 현대사회는 그 변화를 가늠할 수 없다는 것이 특징이다. 그 가운데에서도 과학기술 분야는 새로운 이론과 연구 결과가 끊임없이 쏟아져 나오고 있으며 그 영향이 사회 전반에 미친다는 점에서 특별히 더 주목하게 된다. 학술 연구의 대부분은 연구비를 지원하는 기관에 연구계획서를 제출하고 정해진 심사과정을 거쳐 연구계획서가 승인되고 연구계약이 이루어진 이후 본격적으로 시작된다. 학술 활동에서 기본적으로 글쓰기 능력이 요구되며 이는 전문적인 과학기술자가 된 후에도 필요하다. 오늘날 과학기술자들은 관련 분야의 전문가들의 의사소통을 수단 넘어 과학 및 IT 기술의 발전 때문에 대중들에게 전문적 이론을 효과적으로 전달하는 과학기술의 대중화에 기여해야 한다는 책무를 맡고 있다. 여기에서 글쓰기의 필요성이 대두된다. 과학기술 분야 종사자들의 소통능력이 사회적으로 요구되면서 과학적 지식을 활용하면서 다양한 기술문화 현상을 서술하는 과학기술 글쓰기가 강조되고 있는 것이다.

과학기술 분야에서 글쓰기의 능력이 요구됨에 따라 최근 국내외 대학에서 글쓰기 교육을 강화하고 있다. 과학기술을 일반 대중들과 소통하기 위해서는 흥미로운 형식으로 정확하고 간결하게 표현해야 한다. 과학기술 전문적인 내용을 관련 종사자들은 물론 일반들도 쉽게 알 수 있도록 설명할 수 있는 능력에 대한 요구가 점점 커지고 있다. 전문적인 용어가 자주 등장하고 난해한 개념들로 채워져 있기 십상인 과학기술을 전문인에게 전달하느냐 일반 대중에게 전달하느냐에 따라 차이를 두어서 설명해야 하는 것이다. 과학기술에 대한 실험과 연구 결과, 그것의 사회적 가치를 정확하고 간결하게, 논리적이면서도 명확하게 전달할 수 있어야 한다.

【활동】

1. 앞에서 다룬 과학기술 글쓰기 유형 외에 어떠한 종류의 과학기술 글쓰기가 더 있는지 알아보자.

2. 과학기술 글쓰기 가운데 학술논문 한 편을 찾아보고 과학기술 글쓰기의 특성에 맞게 글이 작성되었는지 살펴보자.

02

과학기술과 글쓰기의 윤리

1. 과학기술 연구와 윤리 의식
2. 과학기술 글쓰기와 학문 윤리

1. 과학기술 연구와 윤리 의식

1) 과학기술과 생명 윤리

2019년 이후 현재까지 코로나 사태로 전지구적으로 혼란을 겪고 있다. 인류는 미생물, 바이러스의 경고를 무겁게 받아들이며 지속가능한 미래를 위해 전지구적 차원에서의 공동의 지혜를 모우고 있다. 과학기술이 발전할수록 그만큼 재난이 증가하게 된다는 사실 앞에서 과학기술 이면의 생명 윤리가 중요하게 되었다.

산업혁명 이후 여러 가지 발명품이 만들어지면서 인간의 삶은 크게 변했다. 과학기술의 계속된 발전으로 인해 세계는 시공간적으로 확장되었으며 오랫동안 인간 고유의 영역으로 여겨져왔던 많은 부분을 기계가 대신하게 되면서 인간은 그만큼 자유롭게 된 것이다. 그런데 과학기술이 계속 발전하더라도 미래 사회에서 인간은 적어도 지금과 같이 자유를 누릴 수 있을까? 유발 하라리는 21세기 인류의 큰 프로젝트는 신처럼 창조하고 파괴하는 힘, 즉 신성(divity)을 획득하는 일이라고 말한다.(2017: 74) 21세기 현재 인류의 바람대로 인간이 신이 된다면 이제 인간을 위협하는 존재는 없을 것인가? 기계는 여전히 인간을 위한 도구로 남아있을 것인가?

산업혁명 이후 과학기술이 보다 많은 사람들에게 행복을 가져다 주고 사회를 진보시킬 것이라는 인류의 오랜 믿음에 균열이 일어난 지 오래되었다. 그동안 과학기술이 인간에게 풍족한 삶을 가져다 준 것만은 아니며 전쟁과 환경 파괴 등으로 고통을 겪게 했다. 미래의 첨단과학기술이 인류에게 유용하기만 할 것인가 하는 질문이 제기된 가운데 인류의 미래는 그 여느 때보다 불안한 상황에 많은 사람들이 과학기술이 계속해서 발전한다면 가까운 미래에 인간이 과학기술을 통제하지 못하는 순간이 올지도 모른다고 예측한다. 현재는 기계가 인간의 결점을 보완하는 단계에 있지만 휴먼(human)과 포스트 휴먼(Post-human)의 경계가 사라지며 기계가 인간의 능력을 넘어서는 시간이 올 수도 있다는 것이다. 문제는 그러한 미래를 맞닥뜨리게 될 때 과학기술로 인해 발생할 수 있는 폐해를 누가 어떻게 책임질 것인가 하는 문제이다.

인류가 지속가능한 미래는 저절로 오는 것이 아니라 우리가 어떻게 행동하느냐에 따라 달라질 수 있다. 과학기술의 발전과 인류가 지속가능한 미래, 그 사이의 접점을 어떻게 만들어 갈 것인지에 대해 성찰이 필요한 시간이다.

다음은 국내외 주요 과학기술 단체들이 주도해서 과학기술인들이 보편적으로 준수해야 하는 포괄적인 윤리를 발표했다. 다음은 〈과학기술인 윤리 강령〉의 전문이다.

■ 〈과학기술인 윤리 강령〉(과학기술부, 2012.12.16.) 전문

과학기술은 인류가 공유하여야 할 소중한 자산으로 인류 문명의 발전과 복지향상에 기여하여 왔다. 과학기술인은 과학기술을 발전시키는 전문직 종사자로서의 특권을 가질 뿐 아니라 그 책임 또한 크다. 따라서 과학기술인은 연구 및 지적 활동을 수행하는 과정에서 진실성과 정직성을 전제로 하여야 한다. 그러나 치열해가는 경쟁 풍토, 과학기술연구의 산업과의 연계로 인한 이해상충, 사회나 정치권의 불합리한 학문연구의 개입 등 과학기술 환경의 변화는 진실성과 정직성을 지켜야 할 과학기술인들로 하여금 그 품위를 유지하는데 과중한 시련을 안겨주고 있다. 이러한 시대적 변화 속에서도 과학기술인은 진실하고 보편적인 행동규범을 준수할 책임과 의무가 있다. 이에 따라 과학기술계는 다음과 같이 과학기술인이 지켜야 할 보편적 윤리 강령을 제정하여, 과학기술인이 자율적으로 이를 성실히 준수함으로써 윤리의식을 제고하고, 사회적 책임을 다하며, 스스로의 위상과 긍지를 높이고, 과학기술 발전에 기여하고자 한다.

1. 과학기술인의 사회적 책임

   과학기술인은 과학기술이 사회에 미치는 영향이 지대하므로 전문직 종사자로서 책임 있는 연구 및 지적활동을 하여야 하며, 그 결과로 생산된 지식과 기술이 인간의 삶의 질과 복지 향상 및 환경보전에 기여하도록 할 책임이 있음을 인식한다.

2. 과학기술인의 기본 연구윤리

   과학기술인은 연구 활동에서 정직성, 진실성(integrity)과 정확성이 연구 결과의 신뢰성 확보를 위한 필수 사항임을 인식하고 연구의 제안, 계획, 수행과 결과보고 등 모든 연구 활동을 수행함에 있어 이와 같은 기본 원칙을 추구한다. 특히, 날조, 변조,

표절 및 중복발표 등과 같은 부정행위를 배격한다.

3. 보편성의 원칙

과학기술인은 인종, 성, 종교, 교육 배경 등으로 차별받을 수 없으며, 평등한 권리와 의무를 갖는다.

4. 전문직 종사자로서의 품위유지

과학기술인은 새로운 지식창출과 기술개발로 인류복지 증진에 기여하는 전문직 종사자로서의 긍지와 품위를 유지한다.

5. 법령의 준수

과학기술인은 연구 및 지적활동의 전 과정에서 관련 법령이 정한 규정과 윤리강령에 적시된 규범 및 국제적으로 통용되는 원칙을 성실히 준수한다.

6. 연구대상의 존중

과학적 연구대상이 인간인 경우 인권을 존중함으로써 생명윤리에 부합해야 하며, 동물인 경우 생명의 존엄성에 유의한다. 자연환경을 다룰 때에는 생물다양성의 보존과 환경보호의 중요성을 의식함으로써 인류복지 증진에 기여하도록 한다.

7. 연구 자료의 기록보존

과학기술인은 연구 과정에서 사용하거나 생성된 데이터, 샘플 등의 자료를 처음 단계에서 최종 단계에 이르기까지 성실히 기록하고, 정한기간 동안 보존한다.

8. 저자표시와 지식재산권

저자표시는 연구의 아이디어 제시, 설계, 수행, 해석 등 연구에 직접 참여한 자로 제한하고 발표논문에는 연구과정에서 참고·인용한 타인의 연구업적을 밝힘으로써 원저자의 권리와 지식재산권을 존중한다. 표시된 저자는 논문에 대한 공동책임을 진다.

9. 사회에 대한 권리와 의무

과학기술인은 새로운 발견이나 연구 및 지적활동의 업적을 사회에 공표함으로써 발생되는 이득을 취할 권리가 있으며, 한편 사회가 요구하는 사항에 성실히 응할 의무가 있다.

10. 이해상충(conflicts of interest)에 대한 대처

과학기술인은 연구 및 지적활동 과정에서 발생했거나 발생 가능성이 있는 이해상충에

대해서는 이를 미리 공표하고 자신의 이익보다 공익을 우선한다.

11. 연구환경 조성

과학기술인은 책임 있는 연구와 지적활동을 수행할 수 있도록 지적자유, 공평성, 개방성과 상호존중의 환경을 조성하는 데 적극 참여한다.

12. 윤리 교육의 실시

연구와 지적활동의 책임자는 참여자들이 이 윤리강령의 제 규범을 성실히 실천할 수 있도록 교육할 의무가 있다.

2) 컴퓨터의 활용과 인터넷 글쓰기 윤리

현대사회에서 과학기술 분야의 커뮤니케이션은 문자로 작성된 글에 국한되지 않는다. 정보통신 기술의 시대를 맞이하여 인터넷을 통한 정보 교환이 급속하게 증가하면서 과학기술 분야에서도 컴퓨터의 활용이 중요해졌다. 과학기술 분야는 새로운 이론과 연구 결과를 발표할 때 프레젠테이션을 위한 슬라이드나 그림·표 등의 시각적 자료를 비롯해서 컴퓨터에서 볼 수 있는 형태의 확장된 문서를 자주 활용하게 된다.

많은 현대인들은 인터넷 매체 검색을 통해 빠르고 손쉽게 정보를 얻을 수 있다. 그리고 여러 사람들이 인터넷을 통해서 얻은 정보를 공유함으로써 집단의 문제를 해결하기도 한다. 그런데 우리가 인터넷에 있는 정보를 활용하거나 어떤 사이트에 글을 게시할 때에 지켜야 하는 인터넷[온라인] 윤리가 있다. 인터넷 세상인 사이버 공간에서 일어날 수 있는 일들에 대해 기본적으로 지켜야 할 공통의 책무가 그것이다. 먼저 어떤 인터넷 사이트에 게시된 글을 활용하고자 할 때는 그 글이 신뢰할 수 있는 내용인지를 신중하게 판단해야 한다. 인터넷에 게시된 글 가운데 글쓴이가 명시되어 있지 않거나 글제목을 비롯해서 출처가 분명하지 않는 경우가 많다. 글쓴이를 알 수 없고 출처를 확인할 수 없는 글은 신뢰하기가 어렵다. 또한 인터넷에 글을 남길 때에도 자신이 쓰고자 하는 내용이 정확한 것인지 등을 판단하여 글을 남겨야 한다. 인터넷상에서의 글쓰기는 빠른 속도로 복제, 재생산이 가능하다. 자신이 무심코 남긴 글이 인터넷에 전파되어 다른 누군가에게 커다란 상처를 줄 수 있다는 사실을 염두에 둘 필요가 있다.

【활동】

1. 제레미 리프킨는 "지구상이건 우주건 어디서든지 질서를 창조하기 위해서는 더 큰 무질서를 만들어내야 한다"고 말한다. 과학기술의 발전은 재해와 재난의 증가와 짝패라는것, 역사가 진보한다는 것에 대해 경고하고 있는 것이다. 제레미 리프킨의 이러한 충고가 지금의 우리 사회에 어떤 질문을 던지고 있다고 보는지에 대해 동료들과 이야기해보자.

2. 자신이 속한 소셜 네트워크에 인터넷 윤리에 어긋나는 (댓)글이 있는지 찾아보자.

2. 과학기술 글쓰기와 학문 윤리

1) 과학기술 연구와 학문적 정직성의 규칙

글을 쓴다는 것은 누구에게나 오랜 시간이 걸리고 고통스러운 작업이다. 학문적 글쓰기를 포함한 모든 글쓰기에서 독창성이 글의 생명인데 이 독창성을 확보한다는 것이 쉽지 않은 것이다. 그러다 보니 다른 사람의 글을 자신의 글로 만드는 일이 자주 일어나게 된다. 인터넷을 통해서 우리에게 필요한 정보의 대부분을 얻는 정보통신 기술의 시대, 남의 글을 표절하고 도용하는 문제가 심각한 상황에 이르렀다.

우리나라 대학과 연구소 등에서 다른 사람의 논문을 표절하거나 연구 결과를 위조·변조하는 문제가 가끔씩 있다. 대학원 박사과정 학생이 국외 논문을 표절하여 학술지에 게재해서 학계의 이미지를 훼손하고 외국인 유학생이 국내 논문을 표절해서 물의를 빚는 일이 종종 일어나고 있는 것이다. 그런가 하면 학생들이 죄책감 없이 시험 부정행위, 대리출석, 조별 과제 무임승차 등의 학습 윤리에 어긋한 행위를 하거나 표절·위조·변조·중복제출 등의 연구 부정행위를 하기도 한다.

우리는 고위 공직자들의 임명에 앞서 공직자로서의 자격 검증을 위한 국회 청문회에서 후보자들 가운데 논문 표절, 중복 제출, 허위 기재 등으로 공직에 오르지 못하거나 혹은 임명이 되었더라도 곧 자리에서 물러나는 경우를 보게 된다. 과학기술자들 가운데서도 올바르지 않은 방법으로 연구 결과를 발표하여 사회에 물의를 일으키는 일이 있다. 대표적으로 2005년 실험 결과를 날조해서 학계는 물론이고 우리 사회에 큰 충격을 던져주었던 '황우석 사건'이 있다.

과학기술 연구는 연구 과정이 윤리적으로 정당하고 창의적인 결과를 산출할 때 의미가 있다. 과학기술의 각 분야에 속해 있는 연구자들은 그러한 연구 결과 또는 새롭게 발견한 것들을 과학기술의 학문공동체와 공유하게 되며 이로써 연구가 완성되게 된다.

과학기술 분야에 속하는 연구자들은 자신의 연구 성과를 다른 사람과 나누기 위해 다양한 채널을 사용한다. 주로는 과학기술인들 간의 학술적인 이해와 공감이 따라야 하는 동료

심사(Peer Review)의 과정을 통해 과학기술 학술지에 연구 성과를 게재한다. 그런가 하면 사전인쇄용지(preprint paper)로 논문을 업로드하거나 개인 커뮤니티를 통해 연구 성과를 공유하기도 한다. 무엇보다 과학기술 분야에서 새로운 발견 혹은 과학실험 결과에 대해 글을 작성할 때 학문적 정직성의 원칙에 어긋나지 않도록 학문공동체에서 정한 규칙을 지키는 것이 중요하다.

2) 인용과 과학기술 글쓰기의 방법

학문공동체는 학문 분야에 속한 종사자들 혹은 연구자들이 새로운 지식을 산출해내고 이러한 학문적 성과를 후대에 전수함으로써 학문적 발전을 도모하게 된다. 이를 위해서 학문공동체 안에서 다른 사람의 지적 재산권을 인정하고 철저하게 보호해야 한다.

대부분의 학술적 글쓰기는 논문작성 형식과 체제를 규정하고 있다. 과학기술 글쓰기를 비롯해서 학문적 글쓰기에서 다른 사람의 글을 사용할 때 정확하게 인용 표기를 하는 것이 원칙이다. 이를 지키지 않을 경우 학문 윤리에 어긋나게 된다. 저자는 자신의 논문에서 영향을 받은 다른 연구자의 지적 재산, 즉 연구 내용을 사용할 때 원저자의 동의를 얻거나 정해진 절차에 따라야 한다. 이로써 독자들은 저자의 학문적 기여를 전체 연구의 맥락에서 이해할 수 있게 되는 것이다.

학문공동체에서 비윤리적인 연구 행위는 데이터를 수집하는 과정, 데이터를 처리하는 과정, 연구결과를 제시하는 과정에 모두 해당한다. 특별히 과학기술 분야에서 비윤리적인 연구행위는 위조(fabrication), 변조(falsification), 표절(plagiarism)로 구분할 수 있다. 여기에서 위조와 변조는 실험 등 실제 연구 과정에서 발생하는 비윤리적인 연구행위이고, 표절은 연구결과를 전달하는 글쓰기 과정에서 발생하는 비윤리적인 연구행위에 해당한다. 위조와 변조, 표절을 구분해서 정리해 보고 그 가운데 표절 행위에 대해 자세하게 살펴보자.

먼저 위조는 실제로 존재하지 않는 데이터를 만들거나 연구결과를 허위로 만들어 기록하거나 보고하는 것을 말한다.

다음으로 변조는 연구에 사용된 재료와 장비뿐 아니라 연구과정 등을 조작하여 데이터나 연구결과의 내용을 바꾸거나 삭제하여 실제 사실과 일치하지 않는 결과를 만드는 것을 말한다.

마지막으로 표절은 다른 사람의 고유한 생각이나 실험 내용 및 결과를 그것의 출처를 밝히지 않고 사용하는 것을 말한다. 여기에서 상식 등 일반적인 수준의 지식의 내용은 표절에 해당하지 않는다.

■ 표절

과학기술 글쓰기를 비롯한 학문적인 글쓰기에서 연구는 주로 연구자의 생각과 실험 내용을 담지만 다른 사람의 생각이나 결과도 포함하게 된다. 그런데 다른 사람의 생각이나 연구 결과에 대해 인용 표기를 올바르게 하지 않게 되면 저자의 생각과 연구 결과 사이 구분이 불분명하게 되어 표절을 저지르게 되는 것이다.

학문적 글쓰기에서 무엇보다 표절과 관련된 문제들이 많이 발생한다. '표절'이라는 단어는 어원을 살펴보면 '아이들을 유괴하는 해적', '노예 도둑'을 의미하는 'plagiarius'에서 유래한 말이다. 학문적 글쓰기에서 표절(plagiarism)은 다른 사람의 글에서 일부를 인용하거나 다른 사람의 글에서 얻은 정보를 자신의 글에서 사용할 때 참고한 자료의 출처를 올바르게 밝히지 않는 것을 말한다. 저자가 이전에 출판한 저작물을 중복제출하는 자기표절(self-plagiarism) 역시 표절에 해당한다. 이러한 표절은 기본적으로 타인의 재산을 훔치는 도둑질의 일종이자 다인의 소유권을 부당하게 침해하는 사기행위로 간주된다.

요즈음은 인터넷에서 다양하고 방대한 자료를 어렵지 않게 찾을 수 있고, 자료를 옮기거나 가져오는 것이 손쉬운 일이 되었다. 이에 표절의 위해성에 대한 자각과 올바른 인용 방식을 준수하려는 태도가 여느 때보다 중요해졌다. 대학생들 가운데는 표절에 대해 잘 몰라서 의도하지 않게 표절을 하게 되기도 한다. 이러한 표절은 인쇄된 책이나 전자책에 실린 다른 사람의 생각은 물론이고 연구 노트에 들어 있는 내용 혹은 다른 사람의 독창적인 생각이나 말에도 적용된다. 이 외에도 표·그래프·그림 같은 자료, 그리고 웹사이트·통신매체를 통한 자료를 사용할 때에도 정확하게 인용 표기를 해서 표절이 되지 않도록 유의해야 한다.

표절을 하게 되는 경우 독자들은 저자의 연구에 영향을 둔 다른 연구자의 자료에 정보를 알 수 없다. 학술지에서 정한 절차에 따라 표절 판정이 내려지는 경우 학술지 논문 게재가 취소되는 등의 제재를 받을 수 있다. 이러한 표절은 연구에 지원된 국가적 비용을 낭비하게 하는 등 인적·물적으로 바람직하지 않은 결과를 가져오게 된다.

전남대학교에서는 연구 윤리를 확립하고 연구 부정행위를 사전에 예방하며 연구 부정행위 발생시 공정하고 체계적으로 연구 진실성을 검증하기 위한 목적으로 '연구윤리진실성위원회'를 설치하여 운영하고 있다. 전남대학교 연구윤리진질성위원회에서 정의하고 있는 '연구부정행위'로는 다음과 같은 9가지가 있다.

■ 전남대학교 연구윤리진실성위원회의 '연구부정행위' 정의

① '위조'는 존재하지 않는 연구 원자료 또는 연구자료, 연구결과 등을 허위로 만들거나 기록 또는 보고하는 행위

② '변조'는 연구 재료·장비·과정 등을 인위적으로 조작하거나 연구 원자료 또는 연구자료를 임의로 변형·삭제함으로써 연구 내용 또는 결과를 왜곡하는 행위

③ '표절'은 다음 각 목과 같이 일반적 지식이 아닌 타인의 독창적인 아이디어 또는 창작물을 출처 표시 없이 활용함으로써, 제3자에게 자신의 창작물인 것처럼 인식하게 하는 행위

㉠ 타인의 연구 내용 전부 또는 일부를 출처를 표시하지 않고 그대로 활용하는 경우

㉡ 타인의 저작물의 단어·문장구조를 일부 변형하여 사용하면서 출처를 표시하지 않는 경우

㉢ 타인의 독창적인 생각 등을 활용하면서 출처를 표시하지 않는 경우

㉣ 타인의 저작물을 번역하여 활용하면서 출처를 표시하지 않는 경우

④ '부당한 저자 표시'는 다음 각 목과 같이 연구 내용 결과에 대하여 공헌 또는 기여를 한 사람에게 정당한 이유 없이 논문 저자 자격을 부여하지 않거나, 공헌 또는 기여를 하지 않은 사람에게 감사의 표시 또는 예우 등을 이유로 논문 저자 자격을 부여하는 경우

㉠ 연구 내용 또는 결과에 대한 공헌 또는 기여가 없음에도 저자 자격을 부여하는 경우

㉡ 연구 내용 또는 결과에 대한 공헌 또는 기여가 있음에도 저자 자격을 부여하지 않는 경우

㉢ 지도학생의 학위논문을 학술지 등에 지도교수 단독 명의로 게재·발표하는 경우

⑤ '부당한 중복 게재'는 연구자가 자신의 이전 연구결과와 동일 또는 실질적으로 유사한 저작물을 출처 표시 없이 게재한 후, 연구비를 수령하거나 별도의 연구 업적으로 인정받는 경우 등 부당한 이익을 얻는 행위

⑥ '연구 부정행위에 대한 조사 방해 행위 등'은 본인 또는 타인의 연구 부정행위에 대한 조사를 고의로 방해하거나 제보자에게 위해를 가하는 행위

⑦ '연구 이탈행위'는 학계에서 통상적으로 용인되는 범위를 심각하게 벗어난 행위

⑧ '부정행위 강요'는 타인에게 위 각호의 부정행위를 행할 것을 제안 또는 강요하는 행위

⑨ 그 밖에 각 학문 분야에서 통상적으로 용인되는 범위를 심각하게 벗어나는 행위

교육자들과 학생들, 그리고 출판사는 표절 확인 프로그램을 사용하여 표절을 예방할 수 있도록 해야 한다. 요즈음은 대부분의 대학에서 학위논문을 제출하거나 학술지에 논문을 투고할 경우 표절검사(유사도 검사)결과를 정해진 시스템에 업로드하도록 요구하고 있다. 전남대학교 도서관에서도 다음과 같이 논문표절예방을 위한 프로그램 가운데 턴잇인(Turnitin), 카피킬러(copykiller)를 제공하고 있다. 턴잇인과 카피킬러와 같은 사이트에 접속해서 먼저 로그인을 한 다음 정해진 절차에 따라 검증하고자 하는 논문을 업로드하게 된다. 이로써 전체 논문 원고가 남의 것을 베낀 것이거나, 특정 길이의 문구가 같거나 몇몇 단어는 바뀌었지만 내용은 대체로 같은 경우 등 다음과 같이 표절률을 확인할 수 있다. 표절 확인 프로그램에서 유사도 비율이 낮을수록 표절 확률이 낮다는 것을 보여준다.

■ 정직하게 인용하고 정직하게 논문 쓰는 방법

학술적 글쓰기는 저자[연구자/자신]의 연구가 주된 내용을 이루지만 다른 사람의 연구 내용도 함께 다루게 된다. 앞선 연구를 바탕으로 자신의 연구를 적절한 맥락에 위치시키며 후속 연구를 견인하는 것이 학술적 글쓰기이다.

학술적 글쓰기에서 다른 연구자의 연구 내용을 자신의 연구에서 이용할 때 사용하는 방법이 '인용(引用, quotation)'이다. 다른 사람의 글을 자신의 글에 활용할 때 적절한 방식으로 인용하고 인용 정보를 정확하게 제시해야 한다. 이로써 학술적 글쓰기에서 표절과 자기표절을 피하기 위해 학문공동체에서 정한 올바른 인용법을 익힐 필요가 있다.

인용은 아이디어, 이론, 또는 직접적으로 저자의 저작물에 영향을 준 사람들의 연구물을 활용할 때 하게 된다. 인용을 할 때에는 원문에 충실해야 한다는 것이 기본 원칙이다. 원문과 의미가 달라질 정도로 문장을 재구성해서는 안 된다.

글의 본문에서 다른 사람의 글을 인용할 때 직접 인용과 간접 인용의 두 가지 방식 있다. 직접 인용과 간접 인용을 할 경우 인용에 대한 출처를 반드시 표기해야 한다.(미국심리학회 편, 2022; 김성수 외, 2018:206-212)

■ 직접 인용의 원칙

직접 인용은 다른 저작물 또는 저자 자신이 이전에 출판했던 저작물의 부분을 그대로 인용하는 것을 말한다. 보통 인용문의 길이가 세 줄 이하 혹은 40단어 미만으로 짧은 경우 해당 대목을 큰따옴표(“ ”)로 묶어 표시하고 출처를 제시하게 된다. 이러한 직접 인용은 원문을 다르게 바꾸면 그 의미가 달라지거나, 원문 그 자체에 주목할 필요가 있을 때 주로 사용한다. 직접 인용문에 대한 출처는 문장 끝에서 소괄호 안에 표시할 수도 있고 내주 혹은 각주로 표시할 수도 있다. 직접 인용에서는 한 글자 한 글자 원문대로 인용해야 하고 문장부호 하나라도 빠뜨리면 안 된다.

직접 인용할 내용이 길 경우에는 본문에서 인용문으로 처리한다. 이때 인용문은 새로운 단락으로 시작한다. 전체 인용문 왼쪽에 여백을 주고 본문보다 글자 크기를 작게 해서 본문과 구별되게 한다. 그리고 인용문의 마지막 문장부호 다음 소괄호 안에 인용문에 대한 출처를 표시한다.

■ 간접 인용의 원칙

간접 인용은 원전의 내용을 글쓴이가 이해한 방식과 표현으로 바꾸어 인용하고 원전에 대한 출처를 제시하는 것을 말한다. 다른 사람의 글을 글쓴이가 자신의 글에 맞게 가져오는 방법으로 많은 분량을 요약할 필요가 있거나 자기 글의 맥락에 맞게 바꿔 써야 할 때 주로 사용한다. 간접 인용은 정보를 종합하고 중요한 정보에 초점을 맞출 때 혹은 관련된 세부 사항을 비교·대조할때 효과적이다. 또한 간접 인용은 원전을 글쓴이가 다시 재구성한다는 점에서 독해력과 전문지식을 가늠할 수 있는 지표가 되기도 한다. 본문에서 간접 인용문 다음 소괄호 안에 저자와 연도의 출처를 밝힐 수도 있고 주석을 달 수도 있다.

3) 출전 표기와 참고문헌 작성 방법

학술적인 글쓰기는 글쓴이 자신이 속한 학문공동체에서 통용되는 출전 표기와 참고문헌 작성법에 따라야 한다. 다른 사람의 글을 인용하거나 혹은 다른 사람의 글에서 필요한 정보를 얻었을 때 인용문이나 정보에 대한 출전을 표기해야 한다. 출전표기는 주(註) 또는 주석(註釋) 달기를 통해 이루어진다.

글 본문에서 주석은 인용한 자료에 대한 출전 표기를 위한 참조주가 있다. 여기에서 참조주는 다시 본문 안에 표시하는 내주(內註)와 본문 아래 표시하는 각주(脚註), 본문 끝에 표시하는 미주(尾註)로 나뉜다. 이외에 본문의 맥락을 벗어나더라도 글쓴이가 독자를 위해서 보충 설명이 필요하다고 판단한 경우에 본문 아래 내용주(설명주)를 표시한다.

본문에서 인용한 내용에 대해 출전을 표기하고 논문 맨 마지막에 본문에서는 인용했거나 연구 과정에서 참고한 자료에 대한 서지사항을 정리한 참고문헌 목록을 제시해야 한다. 무엇보다 학문공동체[학문 분야, 학술 단체, 출판사]에서 따라 정해진 출전 표기와 참고문헌 작성법이 따라 작성하는 것이 중요하다.

다음은 사회계열과 이공계열에서 일반적으로 사용하는 출전 표기와 참고문헌 작성 방식이다.(전남대학교 5·18연구소, 2016: 615-618; 정병기, 2021: 114-117; 강명구·김희준·정윤석, 2021: 162-168에서 발췌했다).

■ 출전 표기

먼저 사회과 계열은 주로 내주의 방식으로 출전을 표기한다. 내주는 필요한 출전을 본문 중의 해당 지점에서 괄호로 묶어 인용한 자료에 대해 출전을 표기 하는 방식이다. 저술의 인용은 본문에서 저자의 이름이 언급된 경우에는 괄호 속에 출판년도, 인용페이지(필요한 경우)를 기재하고 본문에서 언급되지 않은 경우에는 저자 이름, 출판년도, 인용페이지(필요한 경우)를 기재한다. 두 개 이상의 다른 저술을 인용할 경우는 세미콜론(;)을 이용하여 구분한다. 동일 저자가 같은 연도에 쓴 두 편 이상의 문헌을 한 글에서 인용할 때에는 연도 뒤에 알파벳을 순서대로 부기한다. 알파벳의 부기는 글에서 먼저 인용된 순서를 따른다.

〈내주 출전 표기〉

① 이기백은 …라는 점을 강조한다.(1980: 51), (이기백, 1980: 51)

② (김동욱·김태준·설성경, 1979: 18)

③ (송기숙, 1980: 81; 명노근, 1981: 18)

④ (smith, 1989a: 26)

저자가 복수일 때, 참고문헌 작성에서는 표지에 서술된 저자들을 모두 명기해야 하지만, 내주에서는 간략히 표기한다. 한국어·동양어 문헌은 '홍길동 외'라고 하며, 서양어 문헌은 'Smith, et al'로 쓴다. 통계청 자료나 인터넷 사이트와 같이 긴 출전 정보는 각주로 내려서 따로 표기한다.

외주[각주]는 인용한 글의 출처를 본문에 밝히지 않는 대신에 완전한 서지사항, 즉 글쓴이, 출판년도, 책이름, (출판지), 출판사, 인용 쪽수를 본문 아래 마련된 주석란에 적는다.

이공계 역시 본문에서 주로 내주의 표기 방식으로 출처를 표시한다. 이공계에서 내주는 본문 중의 해당 지점에 해당 출전을 괄호에 넣어 삽입한다. 괄호 안에 저자 이름과 출판연도, 쪽수만을 표기한다. 쪽수는 다음과 같이 콜론으로 구분한 후 표기한다.

〈내주 표기 방식〉

…"주요 정당의 수를 판정하는 방법으로 문제가 명확해지기는커녕 판단이 흐려진다."(Crotty, 1970: 282)는 말이…

내주에서 인용한 글의 제목을 비롯한 완전한 서지사항은 글 맨 마지막에 있는 참고문헌에서 확인할 수 있다.

〈저자명 표기〉

저자명은 국내나 동양 문헌의 경우 성명을 모두 기입하며 서양 문헌 저자의 경우에는 성만 기입한다. 외국 문헌의 경우 저자명을 외국어로 표기한다. 저자가 2인 이하일 때는 저자의 이름을 다 표기하고 3인 이상일 때는 첫 자만 명기하고 나머지는 '외'나 'et al.'로 표기한다. 저자명이 본문에 직접 인용될 때는 괄호 안에 연도만 표기한다.

예) (장영실과 이충복, 1981), (Darwin and Spencer, 1979)
(장영실 외, 1989), (Pasteur et al., 1985)
장영실(1980)의 연구 결과에 따르면…

〈동일 저자의 저서일 경우〉

동일한 저자가 다른 연도에 여러 문헌을 출간했을 경우 이름을 한 번만 적고 해당 연도만 나열한다. 만약 같은 해에 여러 문헌을 출간했을 경우 소문자 알파벳 a, b, c … 등으로 구분한다. 알파벳의 순서는 먼저 인용된 순서를 따른다.

(장영실, 1995, 1996), 장영실(1990a, 1990b)

〈여러 저자의 문헌을 인용할 경우〉

여러 저자의 문헌을 동시에 인용할 경우 다음과 같이 세미콜론(;)을 사용해서 구분한다.

예) (장영실, 1990: David, 2000; Pasteur 2004)

■ 참고문헌 작성

글 본문에서 내주를 사용할 때에는 반드시 참고문헌 목록을 작성해야 한다. 본문 내주에서 간략히 표기한 참고자료에 대한 정보를 완벽하게 글 마지막 참고문헌에서 제시해야 하는 것이다. 본문에서 인용된 문헌과 참고문헌에 나열된 모든 문헌은 서로 일치해야 한다.

먼저 사회계열 참고문헌 작성 방법이다. 한국어와 동양어 단행본 표기는 주로 저자 성명, 출판 연도, 문헌 제목, 출판사명의 순서를 따르며 인용한 쪽수는 표기하지 않는다. 참고문헌은 한글인 경우 저자명의 가나다순으로, 영문인 경우 저자명의 알파벳순으로 배열한다. 동일 저자의 여러 문헌은 단독 저자 문헌, 2인 저자 문헌, 3인 이상 문헌 순서로 기입한다. 출간연도가 같은 경우 연도 뒤에 a, b, c 등의 문자를 붙여 구분한다. 단행본에 실린 한국어와 동양어 논문은 논문 저자 성명·출판 연도· 논문 제목·단행본 편저자 성명·단행본 제목·출판사명·게재 쪽수의 순서로, 잡지에 게재된 논문은 논문 저자 성명·출판 연도·논문 제목·잡지 제목· 권/집(호수)·게재 쪽수를 차례로 기입한다.

저자가 복수일 때는 가운뎃점을 이용한다. 논문 제목은 큰따옴표를 사용하고 단행본과 잡지는 낫표를 사용해서 묶는다. 단행본에 실린 논문문의 쪽수는 'pp.'를 이용해 표기하되, 잡지의 경우는 'pp.'도 '쪽'도 사용하지 않고 쪽수만 기입한다. 잡지의 권/집수와 호수는 잡지명에 바로 옆에 구두점 없이 기입하되 권/집수 다음에 괄호로 묶어 호수를 기입한다. 그리고 쪽수와 호수 사이에 쌍점을 찍는다.

번역서의 경우 한글로 저자의 성을 쓴 다음 괄호로 묶어 이름의 머리 글자와 성을 쓴다. 나머지 사항은 단행본 규정과 동일하다.

〈사회계열 한국어·동양어 참고문헌 작성〉

단행본 ①홍길동·장길산. 1996.「조선 의적사 연구」. 개벽사.

②김동욱·김태준·설성경. 1979.『춘향전 비교연구』. 삼영사.

단행본 게재 논문 ①장노자. 1991. "국가권력과 시민사회." 김서방·연놀부·이어도 편.「국가이론의 재조명」. 호박사. pp.231~263.

②서종균. 1996. "한국사회의 무거주자 문제."『도시서민의 삶과 주민운동』. 한국도시연구소.

학술지 게재 논문 ①최재석. 1964. "한·일·중 동양 삼국의 동족 비교." 「한국사회학」1(2): 88-99.

②장상수. 1999. "한국사회의 교육수준별 혼인유형과 그 변화." 『한국사회학』 33. 417-418쪽.

번역서 베버(M.Weber). 1990. 「유교와 도교」. 이상률 역. 문예출판사.

서양어 문헌의 경우 단행본일 때 기입 순서는 저자 성명, 출판 연도, 문헌 제목, 출판 도시와 주, 출판사이다. 단행본에 실린 논문일 때는 저자 성명, 출판 연도, 논문 제목, 페이지 수, 편저자 성명, 단행본 제목, 출판 도시와 주, 출판사를 기입한다. 이때 출판 도시 다음에 쉼표를 찍고 이 도시가 위치한 주 이름의 약자를 쓰고 콜론(:)을 찍은 후 출판사명을 쓴다. 편저자 앞에 'in'을 부기하는 것이 대부분이다. 잡지에 게재된 논문은 저자 성명, 출판 연도, 논문 제목, 잡지 제목, 권/집수, 호수, 페이지 수의 순서로 기록한다.

어떤 경우에도 저자 정보에서 이름은 머리글자로만 쓰며, 처음 나오는 제1저자일 경우에만 성을 먼저 기입하고 쉼표로 연결한다. 복수 저자일 때는 마지막 저자 앞에 'and'를 쓰고 다른 경우에는 모두 쉼표로 연결한다. 편저임을 밝힐 때는 한국어·동양어 문헌과 달리 괄호로 묶어 'ed.' 혹은 'eds.'(복수 편저자)라고 저자 정보 뒤에 한 칸 띄워서 쓴다. 논문 제목은 한국어·동양어 문헌처럼 큰따옴표로 묶지만, 단행본과 잡지의 제목은 이탤릭체를 사용한다. 잡지의 권/집수와 호수는 콜론으로 분리한다. 페이지 수는 단행본에 실린 논문일 때는 논문 제목 뒤에 바로 'pp.'를 기입하며, 잡지에 게재된 경우에는 호수 뒤에 쉼표로 연결하여 페이지 수만 기입한다.

〈사회계열 서양어 참고문헌 작성〉

단행본 Ross, D. 1991. *The Origins of American Social Science.* Cambridge, Mass. and Newn York, NY.: Cambridge University Press.

단행본 게재 논문 Schydllowsky, D. M. and J. J. Wicht. 1983. "The Anatomy of an Economic Failure." pp. 94-143. in C. McClintock and A. F. Lowenthal(eds.). *The Peruvian Experiment Reconsidered.* Princeton, NJ.: Princeton University

Press.

잡지 게재 논문 Jilberto, A. and E. Fernandez. 1991. "Military Bureaucracy, Politiclal Opposition, and Democratic Transition." *Latin American Perspectives* 18: 1, 32-65.

다음으로 이공계열 참고문헌 작성은 대체로 다음에 설명하는 표기법을 따른다.

〈학술지에 실린 논문〉

저자명, 출간연도, 논문 제목, 학술지명, 권, 호, 인용한 첫 페이지와 마지막 페이지의 순서로 정리한다. 학회지명은 약자를 사용할 수 없으며 Vol.이나 No.와 같은 권호의 표시도 따로 하지 않고 숫자로만 적는다.

출간년도는 괄호 없이 표기하고 외국 학술지명에는 이탤릭체를 사용한다. 저자가 2인 경우 'and'로 연결하며, 3인 이상일 경우 쉼표로 계속 연결하다가 마지막 저자 바로 앞에서 'and'를 사용한다.

박종민·서병수·이정택, 2000, 우리나라 노거수거원 보호 관리실태 및 개선방안, 한국임학회지 89: 440-451쪽.

Edward, K. O. and John, O. H. 1973, Screening of PHA Producing Microorganisms, J. *Mol, Biol*, 84, pp.161-168.

〈저서-단행본〉

저자명, 출간연도, 도서명, 출판사명, 출판사 소재지, 인용한 쪽수 순서로 기입한다. 외국 저자명의 경우 '성last name, 이름 첫 글자frist name initial'로 적고 저자가 2인 이상인 경우 저자명을 모두 기술한다. 외국도서명은 이탤릭체를 사용한다. 국내의 경우 출판사의 대부분이 서울이나 파주에 위치하기 때문에 출판지의 정보는 생략하는 경우도 많다.

Maskenzie, D. and Danton, R. A. 1979, *Purification of Laboratory Chemicals*,

Pergamon Press, New York, p.129.

한국지구과학회, 1998, 지구과학입문, 경문사, 23쪽.

〈번역서〉

단행본의 원칙에 따라 표기하되, 저자명은 원어로 표기하고 역자명은 책명 바로 뒤에 쓴다.

Smith, A. W., 2008, 유기화학 입문, 이수현 역, 표문사.

〈편집본 내의 본문〉

저자명, 출간연도, 논문명, 편집자명, 편집된 도서명, 출판사명, 출판사 소재지, 인용 쪽수 순서로 기입한다. 논문이 실린 편집본의 편집자 이름 앞에 'in'을 붙이고 편집자 이름 옆에 'ed'를 붙인다.

Miller, G. A., 1999, AANAT inhibiton by serotonin in mice cerebellum, in Kim, K. T. and Gibbons, A. E. eds., 1999, Enzyme and Brain Funtion, Harvard University Press, Cambridge, pp.201-234.

〈학회 발표문〉

저자명, 개최연도, 제목, 학술대회 명칭, 주관학회 또는 기관, 개최장소, 권, 호, 인용한 쪽수 순서로 쓴다.

Collins, H. Y., 2006, Recent Progress in In-situ electrophyisology, 89th Meeting for technical advance in neurobiology, San Hose, USA, pp.146-170.

〈석·박사학위논문〉

외국 문헌의 경우 저자명, 출간연도, 논문 제목, 논문 종류, 학과, 대학, 지역 순으로 쓰고 국내 문헌의 경우, 저자명, 출간연도 논문 제목, 대학과 논문 종류, 지역의 순서로 쓴다. 영어로 표기할 경우 박사논문은 Ph. D. Dissertation, 석사논문은 M. S. Thesis라고 쓴다.

Johns, K. S., 1983, A study on effects of alanine in oxygen consumpstion in neurospora. Ph. D. Dissertation, Dept. of Microbiology, The University of Chicago.

백성일, 1999, 한국산 소금쟁이의 생활사 연구, 서울대학교 이학박사학위논문.

〈인터넷 자료〉

인터넷 자료의 경우 작성자명 또는 작성기관, 연도, 자료 제목, 웹사이트 주소, 검색일자 순서로 표기한다.

Park, C. W., 1993, Nitrogen fixation in Orley Ambrosia Trees in South Korea. http://Agriinfo.net/nitrogen-fix.html(검색일자:2004.3.1).

【활동】

1. 자신의 전공 분야에서 발행되고 있는 학술지를 찾아보고 학술지에서 요구하는 출처표기 및 참고문헌 작성방법에 대해 정리해 보자.

2. 자신이 속한 전공과 관련해서 단행본 하나를 찾아서 직접 인용과 간접 인용의 두 가지 방식으로 인용하고 출전을 표기해 보자.

03

글쓰기의 형식

1. 글쓰기의 형식과 절차

글쓰기는 인간이 생각을 표현하여 서로의 인지와 감성의 상태를 교류하는 여러 가지 방법 중 하나이다. 또한 글쓰기는 경험을 통해 감지하고 관찰을 통해 수집한 정보들로부터 모종의 의미를 발견하고 검증하는 분석적 도구이다. 한편, 이것은 인간이 스스로 자기 자신을 객관화하여 미래를 전망하고 과거를 성찰하면서 현재를 발전시키기 위한 측면에서 높은 효용성을 지닌 반성적 도구이기도 하다. 무엇보다 글을 쓴다는 것은 보이지 않는 개인의 사상과 정신의 흐름을 다른 이들이 포착할 수 있는 가시적인 형태로 만들어 낸다는 점에서 상상력에 기반을 둔 창조적 행위이다. 각각의 사고 과정과 결과를 담은 한 편의 글들은 개인의 내면에서 시작하고 있다는 점에서 상호 독립적이다. 동시에, 글쓰기 행위는 특정함의 여부를 막론하고 독자를 전제로 하여 시작되므로 본질적으로 사회적 연결성을 지닌다. 이렇듯 글쓰기는 사유의 연결을 통해, 가설에 머물러 있었던 여러 거친 의식들을 삶에 유용한 의미의 상태로 가다듬고 발전시켜 사회적으로 공유하는 이타적 행위인 것이다.

이 같은 글쓰기를 통한 소통과 접속의 효과는 개인 간의 관계에서뿐 아니라 개인과 다수 또는 집단과 집단의 대면, 나아가 추상적인 사회문화의 이해 내면의 자아를 탐구하는 과정에서 폭넓게 적용될 수 있다. 우리는 한 편의 글을 읽으면서 글쓴이의 내면에서 이루어진 유의미한 사고 과정의 핵심에 주목한다. 즉 글의 주제가 무엇이며 그 사고가 문자언어를 통해 풀이되는 양상이 일목요연하고도 흥미롭게 나타나 독자인 나의 시선을 글의 말미까지 붙잡아두는지 확인하게 된다. 그리고 글을 읽고 난 후 나에게 어떠한 생각의 작용과 반작용이 불러일으켜지는지를 경험한다. 이처럼 글을 읽을 때 우리는 눈앞의 화자가 말하는 것을 경청하듯 그 글에 담긴 이야기를 주목하고 나의 몸과 마음에 새겨진 수많은 정보들을 활용하면서 텍스트를 내면에 끌어들여 작동시킨다. 이때 먼저 기호에 담긴 의미를 분석하는 1차 독해가 진행되고 그것이 마무리되면 이해와 비평, 감상과 연상 등 그 글에서 파생되는 또 다른 견해를 새로운 구조로 정리하거나 수렴하는 2차 독해가 이어진다.

이처럼, 글을 읽는다는 것은 사실 글쓴이와 독자의 협력에 의한 의미 생산과 전파의 과정인 것으로 이해할 수 있다. 쓰고 읽는 것 자체가 대화와 연결을 실현하는 개체 간 접속의 행위로서, 서로를 이해하고 경험을 재체험하도록 하는 기회가 되는 것이다. 글쓰기를 통한 사회적 대화의 과정은 곧 글쓴이와 독자 서로를 새롭게 발견하는 계기로 이어진다. 또한 글을 읽고 쓰는 것은 자신의 삶에서 발견한 가치를 현재의 다른 이들 혹은 후대의 삶에 전파하는 실천으로서 의의를 지닌다.

이러한 중요성은 글을 쓰는 형식적 절차나 글이 갖추어야 할 요소들에 대해 정리하고 익힐 필요성을 시사한다. 물론 모든 글이 일정한 형식과 조건에 따라 쓰일 필요는 없을 것이다. 형식과 조건을 충족하며 쓰인 글이라고 해서 모두 좋은 글로 인식되는 것은 아니다. 때로는 투박하고 완결되지 않은 글이 독자에게 큰 정서적 울림이나 긴밀한 이해 작용을 일으키는 경우도 있다. 시대적 환경과 문화적 분위기에 따라 글의 형식과 조건이 변화무쌍할 수 있으며 좋은 글의 기준이 매우 다채로울 수 있음을 인정해야 한다. 하지만 우리가 글쓰기의 형식적 절차와 요건을 숙지하고 익힌다면 글을 통한 사회적 대화의 장에 더욱 친숙하고도 효율적으로 참여할 수 있다는 것이 주지하는 사실이다.

어떤 글이 독자에게 특별한 의미가 있는지, 혹은 어떤 글이 사회적으로 오래도록 함께 읽을 가치가 높은지 등 글의 질적 가치를 검토하기 위한 질문을 던질 때 그 답은 제각기 상대적으로 나타날 수 있다. 하지만 각 글이 이 상대적 분별과 평가의 단계에 진입하기 위해서는 먼저 독자가 그것을 한 편의 완결된 생각 구조로 인식하기 위한 형식적 조건이 그 글에 갖추어져 있어야 한다. 예를 들면 저자가 글을 쓴 용건이자 목적으로서 중심 생각이 그 글에 포함되어 있어야 하고 그것을 명료하게 전달하기 위해 문장과 문단이 전략적으로 구조화되어 있어야 할 것이다.

즉, 글의 형식은 글의 내용에 대한 비평을 하는 단계에 앞서 우선 그 생각의 전달부터 가능케 하는 최소한의 조건이면서 글을 소통의 매체로 사용하는 사회의 공통된 약속이라 할 수 있다. 텍스트를 통해 소통하는 세상 속에서 독자가 두루 일반적으로 경험해 온 형식을 사용할 때 생각은 더욱 빠르고 익숙하게 전달될 수 있다. 그것이 우리가 글을 쓸 때 보통 '처음-중간-끝'으로 나뉘는 삼단 구성을 취하거나, 중심문장과 뒷받침문장의 결합 관계로 이루어진 문단들을 이용해 생각의 흐름을 구분하여 제시하곤 하는 이유이다. 여러 종류의 글을 접하고 몰입해서 읽거나 자신의 생각을 글로 표현하는 경험이 쌓이면서 우리는 글의 형식적 측면에 차츰 익숙해질 수 있다. 글을 쓰는 효율적 절차와 좋은 글의 조건들을 이해할 수 있게 된다면 자신의 글쓰기 과정에 그것을 적용하여 개성적인 문체와 내용으로 글을 구성하고 표현을 가다듬는 데 더욱 큰 효과를 얻게 될 것이다.

글쓰기의 형식적 절차(algorism)		
∞ ⇩	module1. 주제 정하기(주제 탐색하기→ 주제문장 쓰기) ⇅ module2. 제목 구상하기 ⇅ module3. 자료 모으기(생산하거나 수집한 후 선별·검토하기) ⇅ module4. 구조 설계하기(개요 작성하기) ⇅ module5. 초고쓰기 ⇅ module5. 고쳐쓰기 ※∞: 반복	⇧ ∞

1) 주제의 탐색과 확정

일반적으로 글을 쓰는 형식적 절차의 첫 번째 순서는 바로 자신의 글에 담을 핵심적인 생각, 즉 '주제(主題)'를 간추려 하나의 문장으로 정리하는 것이다. 독자에게 좋은 글은 글쓴이가 말하고자 하는 바가 주제문장을 통해 분명히 드러나는 것을 필수적인 조건으로 삼는다. 주제는 글쓴이의 창의적 생산물인 한 편의 글에서 중심으로 다루어지는 사상이나 문제의식을 뜻한다. 주제는 전체적인 글의 흐름에서 상이한 문장 표현에 의해 반복되어 강조되기도 하고, 각기 기능을 달리하는 문단들의 연관된 구조를 통해 이해와 집중의 효과를 높인 끝에 도출되기도 한다. 하지만 어떠한 글의 형태에서든 주제는 간략한 형태와 명확한 의미를 지닌 문장으로 분명히 표현되어 있어야 하며, 독자의 유추나 상상에 의존하며 암시되는 방식을 취하는 것은 바람직하지 않다.

글의 주제를 간명하게 제시하기 위해서는 먼저 글쓴이 자신이 글에 담아 전달하려고 하는 핵심적이고 최종적인 목적이 무엇인지 결정해야 한다. 그 목적은 크게 나눌 때, 글에 '무엇을 담을 것인가(what)'와 그것을 '어떻게 전달할 것인가(how)'의 두 측면에서 검토해볼 수 있다. 예를 들면 자신의 글에 정보나 개념을 담을 것인지, 정서나 주장을 담을 것인지 등을 먼저 분별해본다. 그리고 그것을 독자에게 잘 설명하여 이해하고 납득할 수 있도록 하거나 동의 또는 공감하도록 하는 목적을 설정해보는 것이다. 무엇을 설명하여 이해하도록 하는 글(설명하는 글), 무엇을 주장하여 설득하고 따르도록 하는 글(주장하는 글), 무엇을 새로이 경험케 하여 주목하고 재발견하도록 하는 글(비평적인 글), 무엇을 재현하거나 재구성하여 상상과 창조의 감흥을 전달하는 글(문예적인 글), 무엇을 고백하거나 진술하여 공감하고 연결되도록 하는 글(친교적인 글) 등, 이처럼 '무엇'과 '어떻게'의 두 측면을 고려하며 큰 틀에서 자신의 글이 취할 목적에 스스로 답해볼 때 주제의 밑그림 그리기가 시작될 수 있다.

주제 정하기의 순서

주제의 큰 방향과 틀 설정하기

⇩

주제 탐색(내면과 외부의 교차 또는 병행 탐색)

⇩

여러 화제들에서 하나의 화제 또는 일관성과 유사성을 기준으로
주제단어 선별하기

⇩

선별한 단어들의 양상을 주목하며
이에 대한 자신의 구체적인 생각을 한 문장으로 정리하기

⇩

글을 통해 다루어낼 포괄적이고 추상적인 방향이 아니라
글의 귀결점으로서 구체적인 생각이 담겨있는지 확인

⇩

독자들의 범위와 특성을 가정해보고
주제의 적절성이나 가치를 사전 평가

⇩

주제문장의 수정보완 후 1차 확정

⇩

집필과 고쳐쓰기 과정에서 주제문장의 n차 수정

이렇게 자신의 글이 담을 내용과 독자에게 수행할 목적을 성기게 예상해보았다면, 다음은 그 가두리 안으로 좁혀 들어간 생각과 목적을 더욱 근접하여 관찰하고 그것에 구체적으로 이름을 붙일 차례이다. 흔히 글을 쓸 때 주제를 정하기에 앞서 이야깃거리, 즉 '화제'를 다루어본 경험이 있을 것이다. 가령 글을 쓰기에 앞서 우리는 사회적으로 많은 관심 속에 사람들이 이야기하는 문제가 무엇인지, 자신의 지난 일상에서 해결이 필요한 채로 기억된 경험은 무엇인지, 본격적으로 탐구하거나 실행하여 자세하게 접근하고 이해할 필요가 있는 과제가 무엇인지 등을 생각해본다. 이때 우리는 그것이 매끄럽게 줄거리로 이어진 문장의

형태보다는 낱개의 파편과 같은 단어 형태로 경험된다는 것을 알고 있을 것이다. 혜성처럼 날아와 느닷없이 자신의 표상 공간에 등장하고 의지와 관계없이 표류하며 꿈처럼 인과관계를 무시한 채 연쇄적으로 다른 장면들을 불러일으키는 단어, 그것이 생각의 씨앗인 화제들이다.

예를 들어 '과학적 사실에 대한 체험과 이해를 전달하는 에세이를 쓰겠다'라는 목적을 설정하였을 때 우리의 표상 공간에는 '과학, 기술, 미래, 융합, 공존, 생존' 등 몇 가지의 단어들이 두서없이 떠오를 것이다. 그리고 그것은 연쇄적으로 또 다른 단어나 경험한 장면, 연관성 없어 보이는 이미지와 감정 등을 불러일으키면서 다양한 생각들을 파생시킬 수 있다. 이 복잡한 속성을 지닌 채 양적으로 성장하는 생각의 원자들이 화제인 것이다. 그 생각거리들, 즉 화제들을 단어의 형태로 이름을 붙이며 포착하여 지면 위에 끌어내리는 작업이 주제를 구체적으로 만들어가는 과정에서 필요한 작업이다.

화제와 주제

: 화제(話題)는 이야기의 재료, 이야깃거리나 말거리, 이야기의 제목, 남의 입에 오르내리며 이야기의 대상이 되는 문제를 가리켜 말함.

: 주제(主題)는 연구나 토의, 창의적인 예술 작품 등에서 중심이 되는 사상이나 문제를 가리킴. 저자가 표현하려고 하는 주요한 생각. 텍스트 정보구조를 특징짓는 요인의 하나.

가주제와 참주제

: 가주제(假主題)는 글을 쓸 때 임시로 정한 주제. 주제를 확정하기 이전까지의 것으로 그 범위가 넓고 추상적임. 한 단어로 몇 개의 단어 나열, 그 단순한 결합으로 표현되는 경우가 많음.

: 참주제(-主題)는 글쓰기에서 자기가 쓰고자 하는 생각과 문제가 구체적인 주제. 임시로 선택한 가주제보다 범위가 좁고 명료한 하나의 생각을 지니며 문장의 형태로 표현될 수 있음.

추상적이거나 막연한 이미지의 상태로 여러 가지 화제를 떠올리고 구체적인 단어의 의미로 포착하는 과정에서, 우리는 크게 두 측면의 사고 활성화 방법을 활용할 수 있다. 하나는 내면의 사고와 감정을 활성화하는 방법이며, 다른 하나는 사회환경과 데이터베이스와 같은 외부자료를 활용하는 방법이다. 두 방면의 탐색은 별개로 이루어지는 것보다 병행될 때 글쓴이 자신의 사고를 유연하고 능동적으로 만드는 데 더욱 큰 도움이 될 수 있다. 예를 들면 내면의 사고와 감정을 활성화하기 위해 우리는 '브레인스토밍'이나 '마인드 맵', '문답법', '자기성찰프로그램' 등을 이용할 수 있다.

〈화제의 내면적 탐색 방법들〉

브레인스토밍(brainstorming)

: 여러 사람들이 모여 자유롭게 아이디어를 발상하고, 그 결과들을 결합하여 개선하면 아이디어가 폭풍처럼 만들어진다는 의미
: 머리에서 즉각 떠오르는 아이디어들을 수집하고 자유롭게 생각하도록 격려하여 짧은 시간에 좋은 아이디어들을 내는 방법
: 잊혔거나 억압되어 미처 깨닫지 못한 자신의 내면을 들여다볼 때 유용. 최대한 많은 양의 생각들을 꺼내놓는 것에 목표를 둠
: 윤리적인 평가를 하려 하거나, 떠오르는 이유를 스스로에게 설명하기보다 생각과 감정을 자유롭게 흘러가도록 허용하기
: 단어나 그림, 녹음 등 기록하는 방법도 다양하게 시도할 수 있음

■ 특징
-누구나 쉽게 배워 사용할 수 있음
-참여자 상호 간 인지적 자극을 통해 연상 작용을 유발시켜 많은 아이디어 발상 가능
-한 사람씩 제안하므로, 다른 사람들은 기다려야 하는데 이때 아이디어가 잊혀질 수 있음
-직접 얼굴을 맞대고 제안하므로 비판금지 원칙에도 불구하고 스스로 자기 아이디어를 평가절하할 우려가 있음
-아이디어 발상의 정교화/체계화된 도구가 없이 참여자의 지식과 경험 수준에 따라 아이디어의 양과 질이 결정됨

■ 브레인스토밍의 다양한 방법
-생각을 메모한 종이를 한 곳에 모아 게시하기
-그림과 글씨를 혼용해서 기록하기
-그림 또는 패턴 등으로 표현한 다양한 결과를 나열하기
-하나의 주제에 대한 아이디어들을 계층별로 세분화하기

마인드맵

: 최상의 기억법, 최적의 학습법, 창의적 사고 방법의 계발을 목적으로 창안. 인간의 양쪽 뇌를 효과적으로 활용하기 위한 하나의 종합적 두뇌 사고법
: 브레인스토밍처럼 많은 생각을 떠올 수 있고 자신의 내면에 자리한 사고와 감정의 구조를 발견할 수 있는 방법
: 생각들 간의 관계를 지도의 길이나 건축설계도면에서의 방처럼 연결하고 구분할 수 있기 때문에, 떠오른 생각을 글의 문단에서 소재로 활용하는 등 생각을 구조적으로 정리하는 데 유용
: 나뭇가지 모양으로 데이터의 관계를 분류하는 것
-주요 주제가 중심 이미지에서 구체화되어 나뭇가지처럼 수지상으로 뻗어나감
-이 때 가지들은 결합된 선상에서 핵심 이미지와 핵심어로 구성되어 있고, 덜 중요한 주제는 더 높은 가지에 연결되어 있는 가지처럼 주요 주제에 연결되어 있음
-가지는 마디가 서로 연결되어 있는 듯한 구조를 취함

■ 특징
-글 읽기 후 내용을 몇 개의 핵심으로 표현할 수 있음
-글 재료 모으기 과정에서 연관되는 스키마를 다양하게 모을 수 있음
-끊임없이 이어지고 무질서하게 일어나는 사고 과정을 종이 위에 고정시킬 수 있음
-중요한 단어를 같은 공간에 나란히 배열함으로써 창조력과 기억능력을 향상시킬 수 있음

■ 마인드맵의 다양한 방법
-그림과 단어를 혼용하여 선상에 연결하기
-그림과 글씨를 혼용하되 각각의 방향성이 지닌 의미에 따라 구분하기
-문장 또는 기호 등으로 나타내고 목록화하기(클러스터링)
-선상 연결을 공간으로 대체하여 구획 안에 아이디어 배치하기
-주제와의 관련성이나 유의미성 정도를 가치평가하여 기록하기

자기성찰프로그램

예1) 삶의 연대표(또는 인생 그래프, 아리랑 곡선) 작성하기

■ 방법

-x축은 출생부터 현재에 이르는 시간의 흐름축으로, y축은 행복이나 감정의 정도를 나타내는 지표축으로 설정

-기억에 남는 강렬한 사건을 중심으로 좌표면에 점을 찍고 곡선으로 각 점들을 연결

-왜 기억에 남는 사건인지 배경을 떠올리고, 현재까지 자신의 내면적 변화 양상을 앞으로의 전망과 함께 이야기해보기

예2) 타자의 서사 이용하기

■ 방법

-영화, 음악, 기사, 명언, 소설, 시 등의 자료를 감상하거나 이해하면서 자신에게 어떠한 의미나 감정으로 전해지는지, 이와 관련된 자신의 경험이나 가치관 또는 특별한 감정에는 어떤 것이 있었는지 떠올려보기

-이때 매체 자료는 나의 이야기를 전달하기 위한 촉매제, 즉 동기를 제공해주는 시작점이 되는 것이고 이야기의 중심은 나의 경험과 이해에 놓여야 함

예3) 나만의 명제 완성하기

■ 방법

-내게 고민이 되는 의문점, 내게 필요한 점, 내가 궁금한 점 등을 하나의 문장으로 만들고 답이 쓰일 부분을 괄호 처리하여 여러 사람과 함께 공유해보기

-예를 들어, "어른이 된다는 것은 (　　)이다.", "세상에서 가장 아름다운 곳은/것은 (　　) 이다.", "행복을 위한 제1조건은 (　　)이다." 등의 문장을 설정하고, 괄호 안에 들어갈 말과 그 이유를 설명해보기

이와 같은 사고 활성화 방법들을 통해 우리는 글쓴이의 표상 공간 속에서 생각의 역동성이 확장되고 표현하고자 하는 자발적 동기가 강화되는 것을 경험하게 될 것이다. 글쓰기에 앞서 주제를 탐색하며 얻게 되는 내적 동기는 분석적이고 비평적인 사고가 필요한 글에서든 상상력에 기반을 둔 창조적 사고가 필요한 글에서든 매우 유용하다. 글쓴이 자신의 사고를 활성화하는 데 큰 영향력을 미치는 생각을 포착했을 때, 그 계기는 이어질 집필 과정에서도 추진력을 발휘할 수 있다. 또한 충만한 내적 동기로 시작한 글쓰기는 집필 과정을 통해 탐구한 결과가 자신의 삶과 사유의 흐름으로 돌아와 사용되는, 이른바 '나를 위해 내가 쓰는 글쓰기'를 수행할 수 있도록 만든다. 이처럼 화제의 내적 탐색은 매우 깊은 유용성과 중요성을 지니며, 외적 탐색과 병행하거나 교차하는 방식을 통해 그 효과를 더욱 끌어올릴 수 있다.

이를테면 우리는 역사적으로 축적되고 문화적으로 형성되며 사회적으로 구조화된 자료들을 탐색하고 수집하며 선별해 사용할 수 있다. 문헌조사, 현장답사, 구술조사, 실험, 통계, 전문가 질의, 대담, 토론 등은 화제를 타자들의 사유 공간 속에서 탐색하는 방식의 예들이다. 이것은 앞서 말한 내면적 탐색 방식과 상대화하는 차원에서 외부적 탐색 방식이라 말할 수 있겠다.

단순히 이분화할 수는 없겠지만 주로 내면적 탐색은 나의 시각과 견해와 감정이 어떠한 개성과 창의성을 지니는지 스스로 발견하고 탐구하도록 하는 데 정서적 동인을 제공한다. 그리고 외부적 탐색은 그 탐구와 세련의 과정에서 이해의 폭을 넓히고 상대적 분별을 가능케 하는 데 인지적 도움을 준다. 이 같은 외적 탐색과 내면 탐색의 방식을 병행 또는 교차하는 과정에서 우리는 사유의 활성화나 내적 동기의 향상뿐만 아니라 정보를 이해하고 사회와 환경을 비판적으로 바라보는 시각을 더욱 정교하게 훈련할 수 있다. 또한 글을 쓰기에 앞서 주제의 가치와 필요성을 평가하는 데 필요한 판단의 힘을 강화한다. 그러므로 주제의 탐색 과정은 글쓰기 전체 과정의 상당 부분을 차지한다고 하더라도 아깝지 않을 중요한 단계이며, 글쓰기의 핵심적 절차라 할 수 있겠다.

〈화제의 외부적 탐색 방법들〉

자료를 모으는 여러 가지 방법

: 논문, 단행본 등 문헌자료
: 방송 영상, 기사문, 게시글 등 보도자료
: 실험·실습의 결과물, 인터뷰(설문) 조사 등 통계자료
: 전문가 대담 등 녹취자료
: 답사, 채취 등 현장자료
: 대화, 토의, 토론 등 집담(집단적 담화)자료

이 같은 여러 탐색의 방식을 사용하는 가운데, 우리는 숱한 화제들에 대해 자신의 사고와 감정이 활성화되는 정도를 관찰하면서 '수많은 화제들'을 '하나의 화제'로 간추려내는 작업을 이행해야 한다. 그것은 이를테면 주제어(key word)라고 부르게 될 내 글의 핵심적 단어들을 선별하거나 선정하는 방식을 통해 한결 수월하고 더욱 세부적으로 진행될 수 있다. 자신의 글에서 다룰 화제를 풍부하게 수집한 후 그중에서 하나의 글감을 선택하였거나 서로 관련성 있는 화제들을 주제어 목록으로 조합하였다면 이제 주제를 구체화하는 직전 단계에 이른 것이라 할 수 있다. 이때 집중해야 할 지점은, 하나의 글감이나 주제어 목록을 선별하는 과정에서 일관되고 공통적이었던 생각이 무엇이었는지를 추출하는 것이다. 그것이 내가 착상(著想)이라는 생각의 카오스 상태 속에서도 주목해 온 중요하고도 핵심적인 내용이다.

아직 낱개의 단어 상태인 그 글감에 자신이 왜 주목했으며 그것을 선택한 이유가 무엇인지, 그 글감과 관련하여 자신이 말하고자 하는 주된 내용이 무엇인지 생각해보면 그 단어가 좀 더 긴 어구나 문장의 상태로 확장될 수 있을 것이다. 하지만 아직 그 문장에 하나의 생각만 담기지 않아 명료하지 않을 수도 있고, 그 생각의 가치가 확실하게 판단되지 않을 수도 있다. 이때, 화제의 단계보다 조금 더 구체화되긴 했지만 아직 분명하거나 간명하지 않은 생각의 내용을 '가주제(假主題)'라고 한다.

가주제는 글쓰기에서 확정되기 이전의 추상적인 임시 주제로, 글이 완성되기 전까지 언제든지 바뀌거나 보완될 수 있는 속성을 지닌다. 그러므로 가주제의 단계에서는 "과연 ~ 해야 하는가?" 혹은 "~의 타당성 여부"와 같이, 글쓴이의 명징한 주장이나 진술이 드러나지

않고 글에서 다루고자 하는 범위만 포착되어 있는 상태이기 쉽다. 이러한 가주제 상태에서의 추상성 때문에, 이때에는 자신의 생각을 어떻게 진술할 것인지 본격적으로 글의 구조를 설계하거나 독자에게 효율적으로 전달하기 위한 전략을 세우기 어렵다. 그러므로 글을 쓰는 첫 단계인 주제 설정의 지점에서는 가주제를 완전한 진술문의 형태로 진화시키는 작업이 필요하다.

물론 글을 써나가고 수정해가는 과정에서 끊임없이 주제가 보완되거나 바뀔 수도 있을 것이다. 하지만 글을 쓰는 첫 단계에서는 글쓴이가 전달하고자 하는 내용이 구체적인 문장으로 드러나는 '주제문 쓰기'의 작업이 선행되어야 한다. 그래야 그것을 지지하기 위한 자료들을 수집하고 성공적인 전달 전략이 기획될 수 있다. 글쓰기는 자기 성찰 등을 위한 탐구적 활동이며 개체 간 연결을 위한 사회적 활동임과 동시에 다분히 전략적인 활동이기도 하다. 글쓴이가 정한 주제를 독자에게 효율적으로 전달하기 위한 분명한 목적으로 시작되기 때문이다.

그런데 가주제 상태의 생각을 전제로 글쓰기를 시작하는 것은 전달하고자 하는 상품의 내용을 알지 못하고 추정한 채로 배송을 시작하는 것과 같다. 파손의 위험이 있는지, 어느 정도 기한 내에 신속하게 배송되어야 하는지 등의 전략을 세우지 못한 채 상품을 배송하는 경우 상품 자체가 무용지물이 될 수도 있고 처음부터 배송의 절차를 다시 밟게 될 수도 있을 것이다. 가주제를 정교한 주제로 다듬고 확정하는 작업은 그 주제의 가치와 글쓰기의 목적성을 명확하게 판별하도록 만든다. 그것은 집필과 퇴고의 항해 과정에서 나침반으로 삼을 기준점을 확실하게 설정하는 중요한 일이다. 다음 주제문 쓰기에 이르는 탐색 활동을 통해, 주제를 확정하는 글쓰기 첫 단계에서 자신의 사고가 어떻게 활성화되고 분별이나 선별을 통해 명료한 의미로 좁혀지는지 경험해보도록 하자.

【활동】 주제 구체화를 위한 탐색과 사색

아래의 활동들을 통해 같은 단어에서 비롯되는 다른 생각들을 폭넓게 공유하면서 생각의 확장이나 기억의 재생산 과정을 경험해보자.

예1) 문장 완성하기: 어른이 된다는 것은 (   )(이)다.

예2) 색깔 브레인스토밍: 단어 또는 색깔 카드 제시 후 사고의 심화와 확장 과정을 서로 관찰하거나 스스로 경험하기

예3) 잡담 나누기: 한 편의 시에서 어구 또는 시어를 선택한 후 그 이유나 연상되는 점에 대해 자유롭게 이야기하기

2) 제목과 구조의 설계

① 제목 정하기

우리가 서점에서 책을 사려고 할 때나 도서관에서 자료를 찾을 때 그것이 자신의 요구에 부합하는 글인지 어떻게 확인할 수 있는가? 어떤 이들은 그 책이 속한 자료 범위를 먼저 살펴볼 것이고, 어떤 이는 표지나 텍스트의 디자인을 주목할 수도 있고, 어떤 이는 책의 목차나 내용을 넘겨보면서 자신이 원하는 정보가 어디에 얼마나 포함되어 있는지 찾아보기도 할 것이다. 하지만 이 모든 글의 자원 중에서도 궁극적으로 그 글을 하나의 산물로 성립시키는 제1의 조건은 바로 '제목'이다. 좋은 글은 좋은 제목으로 완성된다고도 볼 수 있다. 우리는 다른 이들과 한 권의 책을 함께 읽고 생각을 나눌 때 그 책을 가리켜 말하기 위해 흔히 글쓴이, 책 이름, 출판사, 발행 연도와 같은 '서지사항'을 공유한다. 무엇보다 책의 이름, 혹은 글의 제목에는 글쓴이의 핵심적인 생각과 글의 주된 분위기가 무엇인지 파악하기 위한 상당한 정보가 담겨있다. 제목은 때로는 함축적이고 은유적인 방식으로, 때로는 명징하게 표면화된 방식으로 주제를 포괄하고 있어 독자로 하여금 내용을 가늠해보도록 하는 데 도움을 준다. 동시에, 독자의 시선과 관심을 이끌어 본격적으로 텍스트의 독해를 시작하고

사유와 감정의 접속을 지속하도록 유인하기도 한다.

즉 제목은 글에 담긴 핵심적인 생각을 대표하는 간판으로, 독자와 글쓴이 모두가 놓치지 않아야 할 글의 주요 요소이다. 글쓴이는 제목에 주제어를 직접 포함하는 방식 등으로 내용을 압축적이고 효율적으로 전달하고 가독성을 높일 수 있다. 한편 상상력과 호기심을 유발하는 함축적, 은유적 표현 등으로 독자의 관심을 높이고 글을 읽기 위한 동기를 부여할 수도 있다. 논문과 같은 학술적인 글에서는 매우 정확하고 간명하게 연구결과나 의의의 핵심을 전달하는 제목이 사용되며, 에세이와 같이 자유롭고 독창적인 글에서는 비유적이거나 풍자적인 성격의 제목이 사용되기도 한다. 이처럼 글의 성격과 목적에 따라 제목의 형식과 속성이 달리 취해질 수 있는 것이다.

하지만 어떠한 경우에서든 제목은 생각을 한 편의 완결된 글로 인식하게끔 하는 데 필요한 불가결의 요소이다. 글을 쓴 이후에 글쓴이가 글에 제목을 붙이지 않으면 다른 이들이 그 글을 가리켜 인용하거나 그 내용에 대해 다시 이야기 나누는 과정에서 어려움을 겪을 수밖에 없다. 이름 모르는 어떤 사람과의 대화를 다른 이들에게 들려주는 상황만큼이나 모호하고 그 내용에 대한 신뢰성이 떨어질 것이다. 그래서 글을 쓰고 난 이후에는 제목의 유무와 그 효용성을 다시 한번 검토하는 것이 필요하다. 여기서 '다시 한번'이라고 강조하는 것은, 보통 제목을 글을 쓰고 난 이후가 아니라 글을 쓰기 전 혹은 초기 단계에서 구상하여 짓는 것이 일반적이기 때문이다.

제목은 사실 글을 쓰는 형식적 절차 중 어느 단계에서나 짓고 수정할 수 있지만, 주제를 확정하고 난 이후 그것을 전달하기 위한 자료와 전략을 수집하는 단계에서 다루는 것이 효율적이다. 예상하는 독자를 설정하고 자료의 범위와 내용을 떠올리는 데 제목이 판단의 기준이 될 수 있으며 문체나 내용의 분위기를 가정하는 일에도 도움을 주기 때문이다. 이때의 제목은 언제든 다시 수정될 수 있는 임시의 제목이라는 의미로 '가제(假題)'라고 한다. 가제를 구상하면서 우리는 글의 방향성을 설정해볼 수 있다. 무엇보다 글을 써나갈 전략과 동기를 더욱 풍부하게 확장하는 역할을 한다는 점에서 제목 구상은 글쓰기의 초반 단계에서 수행할 필요가 있겠다.

우리가 제목을 구상할 때 유의해야 할 몇 가지 지점으로, 글의 내용을 대표하는 것이 아니라 글의 유형을 가리키는 말로 제목을 짓는 것은 바람직하지 않다. 서평이나 리뷰의

제목을 독서감상문: 000책을 읽고 나서 또는 '〈영화 ○○○〉에 대한 리뷰'와 같이 붙이는 것이 그러한 사례이다. 또한, 강의의 과제물 제목을 그대로 가져와 보고서 제목으로 적는 것 역시 바람직하지 않다. 〈2023년도 1학기 ○○○ ○○의 이해 기말과제물〉과 같은 제목은 그 과제물을 지칭하는 말이지 과제물이라는 글의 내용과 가치를 함의하는 제목이라 할 수 없다. 온라인으로 보고서를 제출할 때, 파일명에만 제목을 적고 텍스트 상단에 제목을 빠뜨리는 것이나 장별로 구분된 학술적 글에 소제목을 붙이지 않는 것 역시 주의해야 한다. 제목은 자신이 전달하고자 하는 주제를 함축적으로 전달하는 동시에, 독자의 시선을 멈추고 흥미를 끌어들일 수 있는 장치이므로 이를 누락 없이 충분히 활용할 필요가 있다.

② 개요 작성하기

좋은 아이디어와 독창적이고 비판적인 시각을 담고 있는 글, 세부적인 문장 기술이 세련되고 창의적 표현이 기발하거나 아름다운 글이라 하더라도 한 편의 글은 조직된 사고의 결과물로서 응집되어 있어야 한다. 글이 유기적인 형태를 통해 주제를 전달하는 데 집중되지 않고 있다면, 독자는 일순간 그 글에 시선을 보내며 음미의 시간을 보낼지라도 결국 그것을 퇴고 과정에 있는 미완의 생각 조각으로 보게 된다.

물론 각 문단 또는 각 문장이 인상 깊고 특별한 의미를 담고 있을 때 그 글이 누군가에게 소중한 기억으로 반추될 수도 있다. 때로는 단 한 마디 문장으로도 깊은 영감과 깨달음을 줄 수 있기 때문이다. 하지만 글은 연단에 올라가 청중의 시선을 끌어모으며 연설하고 여운과 함께 끝인사를 전하는 과정에서처럼 형식적인 체계, 즉 정중한 절차를 동반할 때 '한 편의 좋은 글'로 인식된다.

기교 높고 멋진 표현이라 할지라도 두서없이 내뱉는 화자의 말에서 요점과 요구가 무엇인지 확인하는 일은 쉽지 않다. 이러한 연설에 찬사를 보내는 청중은 더욱 드물 것이다. 글을 통해 독자와 접속하기 위한 과정에서 역시 총체적인 맥락과 문장들의 관계를 고려한 구조 설계가 관건이 된다. 하나의 문단으로 뭉쳐있는 생각의 단위들 속에서 각 문장이 어떠한 요점을 지니는지 확인되고, 그것이 풍부하고 타당한 지지에 힘입어 더욱 쉽게 이해되거나 설득력 있게 다가올 때 주제에 주목하게 만드는 좋은 글로 인식되는 것이다.

구조적으로 잘 정비된 글은 첫째, 모든 문장과 문단에 담긴 생각들이 독자에게 주제를 효율적으로 전달하기 위한 목적을 향해 추진되고 있다는 점에서 진술의 일관성을 지닌다. 둘째, 그러한 글은 글에서 다루는 모든 생각과 정보 등이 주제를 중심으로 할 때 서로 연관된다는 점에서 소재의 통일성을 지닌다. 셋째, 그러한 글은 전체적인 생각의 흐름을 특정한 역할을 수행하는 문단의 단위들로 나누고 그것을 서로 연결하는 표지를 사용하며 내용의 가독성을 높인다. 예를 들면 독자의 시선을 집중시키거나, 주제문을 보완하여 이해를 돕고, 주제에 동의하여 그것을 기억하도록 하는 등 각각의 문단이 어떠한 기능적 목적을 지니도록 하여 글의 구조를 전략적으로 활용하는 것이다.

글의 문장 하나하나를 써나가기 전에 전체적인 구조와 내용을 개괄적으로 예상하고 가안으로 정리해보는 작업은 글의 일관성, 통일성, 가독성을 충족시킨다는 점에서 매우 유효하다. 이러한 글의 구조적 설계 작업을 흔히 '개요 작성하기'라고 하는데, 글의 개요를 어떠한 방식으로 만들든 간에 그 형식보다 중요한 것은 개요 쓰기의 실천 여부이다.

개요는 제목, 주제문장, 주제어, 목차 등 글을 구상하는 데 필요한 생각 자원들을 다양하게 포함할 수 있다. 목차와 같이 글 전체의 내용을 항목별로 구성하는 이 작업은 단어를 나열하는 것에서 시작하여 어구나 문장의 형태로 확장될 수도 있고 단어와 어구를 혼용하는 방식을 취할 수도 있다. 혹은 분리된 항목으로 나누어 내용을 설계하지 않으면서 핵심 문장을 작성해 요약문의 형태로 전체적인 흐름을 가늠해보는 경우도 있다. 한편 메모와 같은 짧은 텍스트의 형태로 작성하여 착상 과정에서 떠오르는 여러 아이디어들을 신속하게 포착해볼 수도 있고, 디지털 파일 형식으로 개요표를 정리하여 추후에 집필하는 과정에서 참고할 자료들을 첨부하고 정밀하게 활용할 수도 있다. 생각의 연관 관계를 그림으로 나타내거나, 구상하는 과정을 음성언어로 녹음하는 방식도 사용할 수 있겠다.

개요를 작성하는 여러 방법들

→ 화제식(어구식/항목식) 개요

: 단어나 어구로 간추린 개요. 생각을 놓치지 않고 신속하게 작성할 수 있으며 전체의 전략적 전개를 한 눈에 파악하기 쉽다. 주제를 전달하는 데 유용하게 쓰일 글의 키워드를 간추려낼 수 있으며, 키워드 중심으로 설계를 검토하기 때문에 추가로 수집할 자료를 검토하거나 문단의 배치를 조정하는 작업이 수월하다.

→ 문장식 개요

: 문장으로 전체글을 요약한 개요. 각 문단이 수행해야 할 전략이나 포함되어야 할 내용이 어떤 양상인지 구체적인 문장으로 기록해가기 때문에 전체 글의 내용과 흐름을 확정해가며 글을 구상할 수 있다. 글이 전면적으로 수정될 위험성이 낮아지고, 각 문장을 문단별 중심문장이나 소제목으로 활용할 수 있다.

개요 작성의 필요성

: 수집한 자료를 필요에 따라 다발짓기할 수 있다.

: 주제를 효율적으로 전달하기 위한 글의 흐름을 조직하거나, 그것을 한 눈에 파악할 수 있다.

: 글을 써가는 과정에서 자신의 생각을 다시 확인하고 글의 전개상황을 점검할 수 있다.

: 글을 마무리하는 과정에서 글이 실제 목적에 부합하도록 써졌는지 확인할 수 있다.

: 정해진 분량의 글을 써야하는 경우, 불필요하게 더해지는 분량이나 혹은 누락되는 지점이 없도록 미리 계획할 수 있다.

: 목적에 따라 전략적으로 구상된 개요를 바탕으로 글을 작성하면 독자가 읽었을 때 주제 전달이 안정되고 명확하게 이루어지는 인상을 줄 수 있다.

개요작성을 거친 글의 특징

: 텍스트 속에서 주제문장의 위치가 어디인지 비교적 쉽게 확인된다.

: 제목과 주제문장, 중심어 등 글의 핵심 요소가 누락되지 않는다.

: 글의 분량 배분이 비교적 문단마다 비슷하게 이루어진다.

: 지나치게 편중되거나 편향된 정보가 나타나는 경우가 적다.

: 말하는 바의 중요성이 사족이나 주관성에 의해 부각되지 않는다.

: 글의 전체적인 구성이 보통 3단 구성으로 명확하게 구별된다.

: 각 문단의 내용이 '중심문장+보조문장'의 형태를 통해 간추려진다.

: 정보의 단순 제시에 그치지 않고 그 이유나 글의 취지가 서술된다.

3) 초고쓰기

① 초고의 의미

디지털 매체의 화면에 직접 키보드로, 또는 종이 위에 펜으로 글씨를 써나가기 시작했다면 이제 글쓰기의 3분의 2정도 되는 지점에 도달한 것이다. 아마 이때 우리는 '무엇에 대해 쓸 것인가' 또는 '무슨 말을 어떻게 할 것인가'에 대한 여러 고민과 정보 탐색을 거쳐 처음보다 할 말이 많아진 상태일 것이다. 처음에는 생각의 씨앗과 같은 단 하나의 단어로 자신의 감성 공간에 새겨진 기억과 지적 정보의 창고를 더듬어보는 수준이었겠지만, 그 저장된 자산과 다른 이들의 지적 산물을 번갈아 관찰해보는 과정에서 새로운 생각과 감정들이 또다시 움트는 것을 경험했을 것이다.

우리는 개요라는 설계 도면을 그리며 자신의 생각이 어떠한 요점을 지니고 있는지, 그리고 그것을 어떠한 순서와 전략을 빌려 독자 앞에 제시할 것인지 계획해보았다. 이제 그 생각들을 문장으로 만들어 '하고 싶은 말들'을 밖으로 꺼낼 시점이며, 그렇게 구조화된 글로 표현된 생각의 첫 번째 산물을 가리켜 '초고'라고 한다. 초고는 되풀이해서 수없이 고쳐 쓸 과정의 첫 번째 차례라는 뜻에서 초벌의 원고(草稿)를 가리키는 말이다. 향후 퇴고를 하기 위한 바탕, 주춧돌, 초석이 되는 글이라는 뜻에서 다른 한자 '초고(礎稿)'를 사용하기도 하며 달리 저본(底本), 원고(原稿), 저고(底稿) 등으로 불리기도 한다.

초고는 말 그대로 처음 쓰는 글이기 때문에 문장에 비문이 있거나 표현이 매끄럽지 않을 수도 있다. 물론 개요를 바탕으로 써나간 글이라 할지라도 계획한 바대로 글이 이루어지지 않을 수 있다. 내용의 문장 표현이나 그 전달 효과와 같은 질적 측면에서뿐만 아니라 문단의 구성이나 분량 배분 등 구조적이고 형식적인 차원에서 조정이 필수적일 수 있다. 이렇게 자신이 한번 쓴 글을 스스로 다시 읽어가며, 또는 다른 이들과 그 미완의 글을 놓고 여러 견해를 나누어가며 글의 내용과 형식적 측면을 다시 바라보고 조정하는 과정을 '고쳐쓰기' 라고 부른다.

글쓰기를 직업으로 삼는 글쓴이라도 초고를 완성된 최종본으로 삼는 일은 드물다. 시선을 붙잡아 여러 각도에서 바라보게 만들고 풍부한 감상과 해석의 시간을 선물하는 작품은 필경 그것을 완성된 예술품으로 하여 손에서 떠나보내기 전에 작가의 수없이 많은 구상과 매만짐 속에 자리했을 것이다. 한 편의 글 역시 마찬가지다. 단어와 문장 하나하나를 다시 읽고 수정하고 재배치하거나 보완하는 과정에 이어, '내 미완의 글을 읽어주는 첫 번째 독자'인 조언자(들)의 피드백까지 수집하며 매만짐의 공력을 들일수록 더 좋은 생각을 담게 되고 더욱 매끄럽게 읽히는 글이 된다.

② 쓰고 고치는 방법의 실제

■ 문단별로 구성하기

하나의 문단은 하나의 중심문장을 반드시 포함해야 한다. 보통, 문단의 첫머리나 말미에 중심문장을 배치한다. 하지만 명확한 문장으로 드러나 있지 않으면서 몇 개의 문장이 모여 하나의 명확한 중심 생각을 전달하도록 구성하는 형태도 있다.

☞ 문단 구성= 중심문장(1개의 소주제문) + 보조문장(2~3개 이상의 뒷받침문장)

■ 글의 형식적 요건을 고려하기

문단은 모두 전체 글의 주제와 연관성이 있어야 하고, 주제의 효율적인 전달을 위해 각각의 역할을 수행해야 한다. 각각의 문단은 소재의 측면에서 통일성, 주제의 측면에서 일관성을 충족하며 각기 서로 연결되어 의미를 심화하거나 부연하면서 결국 주제를 성공적으로 전달하기 위한 목표를 향해 진행되어야 한다. 각각의 문단이 어떤 논리적 전개나 정보간의 연관성이 있는지 확인되지 않으면서 제각기 정보나 의견만을 담은 채로 제시된다면, 독자는 그 문단의 정보가 제시되고 있는 이유를 알아차리기 어렵기 때문이다.

☞ 통일성(일관성) + 긴밀성(가독성) + 완결성

초고를 쓰는 과정에서 고려해야 할 점들

: 내가 쓰는 문장 표현이 내가 전달하려고 한 생각을 성공적으로 담아내고 있는가?

: 독자의 입장과 시각, 수준과 요구 등을 고려하지 않은 일방적인 표현과 구성은 아닌가?

: 나의 고유한 시각과 감정, 해석과 비판 등이 문장으로 직접 드러나지 않아 글의 요지가 불분명하거나 모호한 채로 암시되어 있는 것은 아닌가?

: 글 전체의 주제를 한 문장으로 말한다면 무엇인가? 그것이 지면에 제시되어 있는가?

: 내가 제시한 글의 주제가 나뿐만 아니라 독자에게도 가치 있는 것인가? 그 이유를 구조화한 문단으로 나타내고 있는가?

: 하나의 문단은 하나의 중심된 생각으로 대표되며 그것을 지지하는 두세 개 이상의 뒷받침 문장을 지니고 있는가?

: 어법에 맞지 않거나 자의적으로 사용하고 품격을 떨어뜨리는 어휘 표현을 하지 않았는가?

: 적절한 인용방법에 맞게 타인의 글과 정보에 대한 출처 표기를 하지 않았거나 과학적 진실성, 공생 가능성, 사회적 비판성 등을 고려하지 않아 글쓰기 윤리에 위배되는 점은 없는가?

: 통일성, 일관성, 긴밀성 등 글의 전체적 구성 속에서 주제 전달의 효용성을 판단하기 위한 조건들을 갖추고 있는가?

■ 순환적 검토

: 주제 정하기부터 초고쓰기까지 진행된 후에 고쳐쓰기를 시도하는 것만이 아니라, 글쓰기의 절차 어느 부분에서든 재검토를 시도할 수 있다. 또한, 주제 정하기부터 일련의 과정을 전부 검토하는 것이 아니라, 글쓰기의 절차 가운데 일부에서만 반복적 검토가 반복적 검토가 이루어질 수도 있다. 한편, 고쳐쓰기의 과정은 한 번으로 끝나는 것이 아니라, 글쓴이가 의도한 주제가 독자의 객관적인 시각에서 애초의 의도대로 전달될 수 있는 문장의 양태가 될 때까지 반복적으로 시도될 수 있다. 이처럼 고쳐쓰기는 불특정한 지점으로 회귀되어 계속적으로 반복될 수 있기 때문에 순환적인 특징을 지닌다.

■ 숲→나무, 큰 틀에서 세부적인 틀을 향하는 검토의 순서

: 고쳐쓰기를 할 때 자신의 글을 검토하는 시각은 먼저, 주제나 전체 글의 구성과 같이 큰 틀에 놓여야 한다. 그렇지 않고 세부적인 틀에서 부호 사용하기, 단어의 맞춤법, 띄어쓰기, 문장의 문법적 요소 등을 먼저 검토한다면 큰 틀에서 문제가 발견되었을 때 문장을 전면적으로 수정해야 하는 수고를 감수해야 한다. 따라서 글을 퇴고하는 과정은 숲 전체를 바라본 후 나무 사이를 거니는 것처럼 진행되어야 한다.

4) 고쳐쓰기

글은 단번에 완성하기 어렵다. 일필휘지(一筆揮之)라는 말이 있듯 글을 시작해서 한 번에 마무리하는 사람이 없는 것은 아니다. 그러나 대부분의 사람들은 계획하기의 단계를 거쳐서 초고를 작성하고 다시 고쳐쓰기 단계를 끝으로 한 편의 글을 완성하게 된다. 글쓰기에서 고쳐쓰기는 다른 사람들의 피드백[논평]을 참조해서 자신이 쓴 글을 검토하는 과정이다.

흔히 글을 고쳐쓴다고 하면 문장을 다듬는 일로 생각하기 쉽다. 그러나 고쳐쓰기는 문장 다듬기는 물론이고 어떤 때는 글을 다시 쓰는 과정이 될 수도 있다. 경우에 따라서는 처음 쓸 때보다 고쳐 쓸 때 시간이 더 걸리기도 하는 것이다. 이처럼 한 편의 글을 글은 계획하기, 초고쓰기, 고쳐쓰기의 과정을 충실하게 마칠 때 얻을 수 있다. 즉 글쓰기의 여러 단계를 거친 과정의 산물인 것이다.

우리의 속담에 가루는 칠수록 고와지고 말이 있듯 고쳐쓰기를 반복할수록 좋은 글이 될 가능성이 높아진다. 글쓰기에서 초고를 작성하는 과정은 글쓴이가 발견하고 인식한 글감을 실체화하는 단계이다. 그러나 초고를 작성하는 과정에서 여러 가지 문제가 발생할 수 있으며 이것을 해결하는 것이 고쳐쓰기의 과정이다. 초고에서 있을 수 있는 개념적·구성적 문제들을 고쳐쓰기의 과정에서 구체적으로 규정하고 해결해 나가는 것이다. 학문적인 글쓰기에서는 글을 고쳐쓰는 과정을 통해서 지식과 사고를 정교하게 다듬고 쌓아갈 수 있다.

글을 고쳐쓰는 과정에서 동료나 해당 분야에서 자신보다 전문성이 높은 사람에게 피드백을 받는 것이 필요하다. 글쓴이 스스로는 자신의 글에 대한 문제점을 파악하기 어렵다. 우리가 쓴 글에 대해 전문가의 객관적인 반드시 피드백이 필요한 까닭이 여기에 있다. 대체적으로 학문적인 글쓰기에서는 전문가 혹은 동료 연구자의 피드백을 반영하는 고쳐쓰기의 과정을 거쳐야 한다.

모든 글은 다른 사람이 읽거나 보게 된다는 것을 상정하고 쓰게 된다. 그런 점에서 학문적 글쓰기 역시 글쓴이가 무엇을 전달하고 싶은지가 효과적으로 표현되어야 한다. 그런데 우리가 글을 작성해서 읽으면 주제는 빈약해 보이고 논리 전개가 자연스럽지 않게 느껴지기 십상이다. 그러다보면 글을 다시 쓰는 것이 더 낫다고 판단할 수도 있는 것이다. 실제로 글을 고쳐쓴다는 것이 쉬운 일은 아니다. 그런 점에서 글을 고쳐쓰기에 앞서 무엇을 어떻게 고쳐야 할지 고쳐쓰기의 기준과 방법을 세워서 단계적으로 접근할 필요가 있다.

■ 고쳐쓰기의 기준과 피드백

글을 고쳐쓰는 데 다음 두 가지 기준이 있다. 먼저 그 글을 통해 독자에게 전달하고자 하는 핵심적인 내용이 제대로 들어있는가 하는 것을 점검한다. 다음으로 자신이 처음 쓴 글이 독자에게 효과적으로 전달될 수 있을 것인가 살펴본다. 어떤 용어 혹은 개념에 대한 설명이 전문가에게는 사족일 수 있지만 일반 독자들에게는 필요할 수 있다. 필요한 경우, 어려운 용어 혹은 개념에 대해서 자세하게 풀어서 독자들이 이해할 수 있도록 해야 한다. 이렇듯 우리가 글을 고칠 때에는 글의 핵심적인 내용을 독자에 따라 효과적으로 전달시킬 수 있도록 표현되었는가 하는 점을 우선적으로 검토해야 한다.

고쳐쓰기 과정에서 빠뜨릴 수 없는 것이 전공 분야의 동료 혹은 다른 연구자들의 피드백이다.

학부 과정에서 조별 활동을 토대로 수행한 글쓰기의 경우 조원들끼리 돌아가면서 그에 대한 논평, 즉 동료피드백을 주고받으면서 자신이 쓴 글에 대한 문제점을 찾을 수 있다. 그런가 하면 학위논문의 경우 심사를 맡은 지도 교수가 일차적인 독자이다. 학위논문을 작성할 때에는 지도 교수의 논평을 듣고 그것을 토대로 고쳐쓰는 것이 글의 완성도를 높이는 방법이다. 학술논문이나 학술대회 발표문이라면 같은 전공 분야의 동료 혹은 연구자들이 일차적인 독자이다. 다음으로 해당 분야에서 글쓴이 자신보다 전문성이 높은 사람에게 도움을 구하면 글의 문제점을 객관적으로 지적받을 수 있다. 특별히 학술적인 글쓰기를 완성하는 데에는 전공 분야의 동료 혹은 다른 연구자들의 피드백을 바탕으로 글을 고쳐쓰기의 과정을 거치는 것이 중요하다.

■ 고쳐쓰기의 세 단계

고쳐쓰기를 할 때에는 전체에서 부분으로, 나아가는 단계적인 접근이 필요하다. 학술논문을 완성하는 과정에서 다음과 같이 고쳐쓰기의 세 단계를 설정할 수 있다. 먼저 전체적인 측면에서 글의 틀, 구성이나 형식을 고친다. 다음으로 세부적인 측면에서 글의 구체적인 내용을 고친다. 마지막으로 글의 표현을 고친다. 이러한 고쳐쓰기의 세 단계를 세부적으로 다시 살펴보면 다음과 같다.

먼저 글의 전체적인 틀과 구성, 형식 고치기이다. 이 단계에서는 초록에서부터 참고문헌에 이르기까지 글 전체를 큰 틀에서 접근한다. 제목이 적절한지 점검하고 목차와 전체적인 글 내용이 일치하는지 검토한다.

다음 세부적으로 글의 구체적인 내용 고치기이다. 이 단계에서는 목차에 나오는 각 부분의 구체적인 내용을 점검한다. 초록의 내용이 간결하면서도 빠진 부분이 없는지, 서론이 간결하면서도 충분한지, 연구 목적이나 목표가 분명하게 드러나고 있는지, 본문의 구성요소가 제대로 갖추어져 있는지, 연구 결과를 해석하는 데 논리적 근거가 충분하게 갖추어져 있는지, 결론의 내용은 적절한지, 연구의 의의와 한계는 무엇인지, 참고문헌은 투고규정에 따라 배열했는지 등에 대한 내용을 검토한다.

마지막 글의 표현 고치기이다. 이 단계에서는 단어와 구, 문장을 중심으로 접근한다. 비교적 객관적인 어휘를 사용했는지, 어법에 맞는 표현을 썼는지, 문장을 분명하게 구사했는지,

문장과 문장의 연결이 자연스러운지 등을 점검한다. 무엇보다 학술적 글쓰기는 전체 틀에 대한 점검에서 내용과 표현을 순차적으로 고쳐쓰는 과정 속에서 글의 완성도를 높일 수 있다.

2. 글의 구성과 필요조건

다른 이들에게 잘 읽히고 생각이 전달되기 쉬운 글은 글쓴이의 사상과 감정을 잘 짜인 체계 속에 담아낸다. 전달력이 높은 글은 말하고자 하는 중심된 생각이 무엇인지 간명한 하나의 문장으로 나타낸 후에 그것을 뒷받침하는 다른 문장들과 다양한 관계를 지어 보여준다. 그 관계 짓기란 가령 앞서 제시하거나 후술할 중심문장을 부연하여 이해를 돕고, 그 생각에 동의하고 공감할 수 있도록 만들거나, 이어지는 문단의 중심된 생각과 연결되는 사고를 나타내는 일 등이다. 이러한 관계는 결국 중심된 하나의 생각을 더욱 뚜렷하고 강한 설득력으로 주목받게 만드는 역할을 한다.

하나의 중심 생각과 이를 뒷받침하는 생각들은 문장의 형태로 서로 얽혀 '문단'이라는 기본 구조물을 만들어 낸다. 문단(文段)은 전체의 글을 몇 개의 생각 조각으로 끊어낼 때 그 분절의 구성단위가 되는 것을 가리킨다. 흔히 몇 개의 문장이 모여 하나의 문단을 이루고 하나의 문단은 하나의 중심 생각을 가지고 있어 다른 문단들과 구분이 된다. 형식적 측면에서 문단은 첫 줄의 한 칸이 들여쓰기 되어 있어 가시적으로도 구분할 수 있다.

하나의 문단은 하나의 중심문장을 반드시 포함해야 한다. 보통, 문단의 첫머리나 말미에 중심문장을 배치한다. 문단이나 글의 초입에 중심문장이 배치될 경우를 '두괄식', 말미에 배치될 경우를 '미괄식', 표현을 달리하지만 앞부분과 끝부분에 반복하여 중심 생각이 드러나는 경우를 '양괄식'으로 명명하기도 한다. 또한 명확한 하나의 문장으로 드러나 있지 않으면서 몇 개의 문장이 모여 하나의 명확한 중심 생각을 전달하도록 구성하는 형태도 있다. 혹은 두 개 이상의 문단이 중심 생각을 기준으로 서로 연관되어 있다고 할지라도 각각 '정의'+'부연', '주장'+'예증'과 같은 형태로 기능과 목적을 달리 하는 경우, 즉 중심 생각을 공유한 채 분리된 문단으로 구성되는 경우도 있다.

어떠한 방식으로 중심 생각을 드러내든지 간에 각각의 문단은 모두 전체 글의 주제와 연관성이 있어야 하고, 주제의 효율적인 전달을 위해 각각의 역할을 수행해야 한다. 소재의 측면에서 주제와 어느 정도 연관되는가 하는 것을 '통일성의 여부'라고 한다면, 관점 혹은 입장의 측면에서 주제와 어느 정도 부합하는가, 또는 주제를 어느 정도 뒷받침하는가 하는 것을 '일관성의 여부'라고 할 수 있다. 통일성과 일관성 모두 하나의 주제를 중심으로 각각의 문장과 문단이 구성되어 있는 여부를 판단하는 기준이다.

또한 각각의 문단은 각기 서로 연결되어 의미를 심화하거나 부연하면서 결국 주제를 성공적으로 전달하기 위한 목표를 향해 진행되어야 한다. 각각의 문단이 어떤 논리적 전개나 정보간의 연관성이 있는지 확인되지 않으면서 제각기 정보나 의견만을 담은 채로 제시된다면, 독자는 그 문단의 정보가 제시되고 있는 이유를 알아차리기 어렵기 때문이다. '예를 들어', '이를테면', '그럼에도 불구하고'와 같은 접속 부사나, '앞의 두 개념을 비교해본 결과, 지금까지 이 사건에 대한 설득력 있는 입장은 다음과 같다.', '이런 점을 고려해볼 때 다음과 같은 사례는 매우 큰 의미가 있다. 〈사례1〉...' 등과 같이 정보를 고찰하여 해석하거나 안내해주는 문장의 삽입되었을 때 독자가 그 글을 더욱 이해하기 쉬울 수 있다.

이처럼 문단 간의 밀접한 흐름을 검토하는 것은 독자가 글을 이해하는 정도인 '가독성'과, 글의 주제를 전달하기 위한 형식적 요건을 갖추며 완성되었는가 하는 '완결성'에 긍정적인 영향을 준다. 낱말로 이루어진 문장, 문장으로 이루어진 문단, 문단으로 이루어진 장, 장과 절 등으로 구조화된 한 편의 글. 글은 이처럼 기초적인 요소들을 이용하여 차츰 확장되며 모종의 기능을 가진 각각의 공간과 그 사이를 오가는 동선들의 배치를 이용해 정교한 짜임새를 갖추어간다는 점에서 마치 건축 구조물과 같다. 글을 쓴다는 것은 생각을 표현하는 기호의 결합 단위들을 이용하여 글쓴이가 건축한 사유의 궁전에 독자를 초청하는 작업인 것이다.

그 설계와 건축의 효율적인 방안으로 흔히 3단 구성을 채택하는데, 그 이유는 글 역시 소통의 산물로서 인간의 매개 방식을 취하고 있기 때문이다. 우리가 길을 가다 낯선 장소로 이동하는 방법에 대해 누군가에게 물어보려고 할 때에도 3단 구성의 형식을 빌리곤 한다. 예를 들면 다짜고짜 "용봉관에 가려면 어느 쪽으로 가야 하나요?"라고 소리쳐 말하지 않고 눈인사나 몸짓 손짓 등을 이용해 상대에게 어떤 메시지를 구하거나 전달하려고 함을 알린다. 상대방에게 안전함이나 도움의 요청과 같은 상황 분석을 할 수 있도록 시선을 확보하고 생각할 수 있는 시간을 제공하는 것이다. 그리고 충분히 도움을 받을 수 있을 여러 조건들, 이를테면 미소나 난처한 표정, 명료한 발음 등을 이용해 상대방이 나의 이야기를 듣고 사고를 작동시킬 수 있도록 동기를 부여한다. 비로소 길을 설명하고 질의 응답하거나 직접 장소로 안내하는 것과 같은 용건은 그 이후의 일이다. 본격적인 대화를 마친 이후, 아무 일

없었다는 듯이 갑자기 대화를 끊고 가던 길을 가버린다면 그 또한 황당한 경우일 것이다. 요청한 내용에 대해 충분히 대화를 나누고 용건을 마무리 지었다면 그 이후 질의자는 감사 인사를 전한다든지 상대방은 못다 한 설명을 보충한 이후에 서로 대화의 종료 상황, 즉 헤어짐을 인지하고 돌아설 것이다.

이처럼 일상에서도 우리는 본문을 중심으로 그것의 사전 작업과 후속 정리를 하는 부분을 연계지어 소통의 맥락을 다루고 있는 것인데, 이를 크게 삼등분하여 3단 구성이라 이를 수 있겠다. 오늘날 온라인 커뮤니티 공간에서 답글, 게시물 형식의 디지털 글쓰기가 일상적 소통의 상당 부분을 차지하게 되면서 앞서 말한 3단 구성이 축약되고 본문격인 용건이나 단편적 문장이 자신의 생각을 대변하는 경우가 많아진 것이 사실이다. 전달의 효율성 우선, 주목할 수 있는 시간의 축소, 비대면과 익명의 상황에서 비롯되는 관계 짓기의 생략 등이 그 원인이 된 것으로 보인다.

그러한 축약된 글의 형식이 크게 사용되는 현상은 오늘날 독자의 요구나 텍스트를 둘러싼 상황이 영향을 미치며 취해진 결과일 것이다. 즉 온라인 공간의 텍스트에서 3단 구성의 축소 내지 비구조화 양상은 글쓰기를 익히는 과정에서 형식적 호불호를 가리며 비평할 사안이라기보다 글의 형식적 다양성을 고려할 때 참고할 여러 사례 중 하나로 볼 수 있겠다. 체험적 측면만을 고려하여 효율성과 독자 호소력을 높인 텍스트가 혹여 완결된 형식의 좋은 글로 오인되지 않도록 유의할 필요가 있다.

물론 형식적으로 잘 갖추어진 글이 곧 독자에게 좋은 글로 읽힐 수 있다고 확신할 수는 없는 일이다. 하지만 좋은 글의 판단은 독자의 영역에 있는 것이고 그에 앞서 글쓴이는 조건상 완비되고 형식적으로 완결된 글을 작성하며 그 기반 위에 좋은 생각과 감정을 누벼낼 필요가 있다. 이를 위해 글을 처음 배워가는 우리는 가장 기초적인 글의 구성 방법, 즉 글의 3단 구성과 문단 구조화를 시도하며 글을 써나갈 수 있어야 한다. 소통의 장에서 사용되는 글의 형식은 본격적으로 전달할 용건만 내보이는 것이 아니라 앞선 소개와 후속 정리와 같이 독자에 대한 예우나 편의 제공이 필요하다는 사실을 인지할 필요가 있다.

글의 구성

: '처음-중간-끝', '서론-본론-결론', '도입-전개-종결', '서두-본문-결미' 등, 글은 크게 세 부분으로 구성되어 있으며 각 부분별로 다음과 같이 특정한 역할을 수행하고 있다.

■ 서론
-주제의 배경, 이야기의 필요성, 흥미 유발, 사용하는 개념과 전개할 방향 제시 등

■ 본론
-구체적 설명, 개념 풀이, 근거 제시, 논박과 해명, 사건의 경과, 분석, 설득 등

■ 결론
-내용의 요약, 주제의 가치와 효용성 강조, 인상적인 표현 등

글의 구성 조건

■ 어휘와 문장
: 자신이 전달하려는 생각에 들어맞는 정확한 어휘나 어구를 찾아 쓰기 위해, 사전이나 다른 이들의 글을 참고할 수 있다.
: 표준어, 맞춤법, 띄어쓰기 규정에 어긋나지 않도록 글을 다듬어 써야 한다.

■ 단락 구성과 체계
: 하나의 단락(들여쓰기로 구분되는 문단)은 중심문장과 보조문장으로 이루어져 있다.
: 중심문장은 문단의 첫머리(두괄식)나 끝부분(미괄식)에 놓이곤 하는데, 이 문장의 이해나 설득을 돕기 위해 더해지는 문장들이 보조문장이다.
: 각 문단은 내부적으로 핵심 문장과 뒷받침 문장의 구조물 형태를 취하고 있어야 할 뿐만 아니라 문단 사이의 긴밀한 연관성과 전체적인 체계를 고려하며 구성되어야 한다.

■ 올바른 인용과 풍부한 정보
: 나만의 고유하고 개성적인 생각을 담은 글이라고 해서 독자가 궁금증을 해소하고 주장에 설득될 수 있는 것은 아니다. 다른 이들의 생각과 경험, 연구 성과 등을 비판적으로 검토한 후, 정확한 인용 방법에 따라 독자에게 제공할 수 있어야 한다.
: 물론 반대의 경우, 즉 객관적이고 정밀한 정보를 제공하지만 고유하고 비판적인 시각이 부재한 글 역시 생각의 가치를 전달하는 좋은 글로 보기 어렵다.
: 독자는 자신의 시각을 넓혀주며 타당한 근거와 정확한 정보를 제공하는 글을 읽으려 한다.

■ 문장기호
: 부호를 남용하거나, 목적에 따라 정확히 사용하지 않는 경우 글의 신뢰도와 이해도를 낮출 우려가 있다.

04

과학기술 문해력

1. 과학기술 문해력이 필요한 시대
2. 인공지능과의 공존
3. 빅데이터의 시대

1. 과학기술 문해력이 필요한 시대

우리 모두는 한글을 통해 읽기와 쓰기 교육을 받았다. 한국어의 고유한 표기 체계로서 한글을 매일 사용하지만 텍스트를 이해하고 평가한 뒤 이를 활용하는 능력도 필요하다. 이 능력을 문해력이라고 부르는데, 단순히 단어와 문장을 해독하는 것을 넘어 복잡한 텍스트를 읽고 해석하고 평가하는 능력까지 아우른다. 유네스코에 따르면 문해란 다양한 내용에 대해 글과 출판물을 사용하여 정의, 이해, 해석, 창작, 의사소통, 계산 등을 할 수 있는 능력이다.

우리에게 필요한 문해력은 한글을 배우는 단계에서부터 습득하기 시작한다. 초등학교 입학 후 본격적으로 학습을 위한 읽기가 시작되고 읽기 유창성을 필두로, 중학교 과정과 고등학교 과정을 통해 문해력이 획기적으로 발달한다. 성인이 된 후부터는 직업과 관련한 문해력이 요구된다. 그 까닭은 급격하게 변화하는 전문분야에 대한 문해력을 꾸준히 개발해야 할 뿐만 아니라, 문화적 능력을 갖춘 지성인으로서의 필수적인 요소이기 때문이다.

인류는 지난 수천 년간 소수의 엘리트들이 결정한 정책과 제도에 따라 변화해왔다. 이는 엘리트들이 정보와 지식을 독점할 수 있었기 때문이다. 하지만 정보사회로 급속하게 사회가 재편되면서 정보와 지식의 독점이 불가능해졌다. 일반인들이 다양한 경로를 통해 정보와 지식에 접근할 수 있게 되었으며, 서로 네트워킹을 하면서 단편적인 정보와 지식을 총체적 정보와 지식으로 만들어낼 수 있게 되었다. 소위 집단지성(Collective Intelligence)의 사회가 된 것이다(최항섭, 2015).

이러한 집단지성의 힘을 바탕으로 유튜브와 같은 플랫폼들이 등장해 전 세계에서 일어나고 있는 사건들부터, 새로운 기술의 출현, 문화 이슈, 환경문제 등을 통해 트렌드를 소개한다. 이는 곧바로 우리가 마주할 사회문화 경제에 걸친 병리적 현상을 예측하고 이를 대비하도록 이끌어 줄 것이다. 예를 들어 인공지능 로봇 기술이 우리의 노동을 대체하는 현장을 확인하고 이에 대한 질문을 던지고, 이 질문에 대한 '다양한 답'들을 스스로 찾아보는 것이다. 따라서 답을 찾는 과정으로, 우리의 현재 고민을 먼저 해본 이들의 사유방식과 해결책들을 읽고 이해하는 문해력이 필요하다.

【활동】

나의 문해력 점수는?

세계에서 가장 고도가 높은 위스키 증류소에서 마시는 술은 어떤 맛일까?
스위스 생모리츠(St. Moritz)에 있는 위스키 증류소는 피츠 코르바취(Piz Corvasch) 산 해발 3303m에 위치해 있으며, 세계에서 가장 고도가 높은 위스키 증류소다. 이 고도에서는 해수면보다 10도 정도 낮은 온도에서 증류 과정이 일어난다.

위 글을 토대로, 아래 문장에 적힌 내용의 옳고 그름을 바르게 짝지은 것은?
[문장1] 스위스 생모리츠는 해발고도가 가장 높은 도시다.
[문장2] 위스키의 풍미와 품질은 해발고도와 관련이 높다.

①0,0 ②0,X ③X,O ④X,X

A가 운동선수가 아니라면 무용수이다. 그런데 모든 무용수는 흰색 재킷을 입는다. 그러나 A는 초록색 재킷을 입는다. 만일 A가 운동선수라면, 그는 미국인이거나 독일인이다. 그런데 어느 독일인도 한국 생활 경험이 없다면 김치를 먹을 줄 모른다. 그런데 A는 김치를 먹을 줄 안다. 그리고 한국 생활을 경험한 운동선수들은 모두 흰색 재킷을 입는다.

따라서 A는 (   ).

①독일인 무용수, ②미국인 운동선수, ③무용수이면서 운동선수, ④한국생활 경험이 없는 독일인, ⑤한국생활 경험이 없는 미국인

(EBS방송의 성인 문해력 테스트 링크: https://literacy.ebs.co.kr/yourliteracy/literacyPlusTest)

2. 인공지능과의 공존

1) 인간의 의식현상과 인공지능

철학에서 심리학이 분과학문으로 독립하면서 인간 의식에 관한 탐구는 자연과학의 영역으로 넘어왔다. 이 시기는 19세기를 지나 20세기 초에 걸쳐 빌헬름 분트(Wilhelm M. Wundt, 1832-1920)와 윌리엄 제임스(William James, 1842-1910)로부터 출발하는 심리학의 태동기이다. 분트는 과학적인 심리학이 되기 위해서는 세상과 정신에 대한 인간의 주관적인 경험을 분석해야 된다고 믿었다. 분트는 화학자들이 어떤 물질의 구조를 이해하기 위해 몇 가지 기본 요소로 쪼개는 것을 보고 심리학에서도 인간의 의식에 대해서 기본적인 감각과 느낌이라는 구성요소로 쪼개어서 분석하는 구성주의(structuralism)라는 접근 방법을 택했다. 제임스는 의식이 분리된 요소들로 쪼개질 수 있다는 분트의 주장에는 동의하지 않았다. 제임스는 의식이 흐르는 물줄기와 같아서 전체로서만 파악될 수 있기 때문에 의식의 특정 순간을 분리하고 그것을 분석하려고 노력하는 것은 옳지 않다고 믿었다. 대신 그는 정신 과정이 봉사하는 목적을 연구하는 기능주의(functionalism)라 불리는 접근법을 발전시켰다.

1950년대 신경과학이 발전하면서 인간 의식을 규명하려고 인간의 두뇌 연구가 이루어진다. 이 시기 인지과학(cognitive science)이라 불리는 학제적 연구가 시도된다. 인지과학 1세대는 두뇌의 구조와는 전혀 닮지 않은 기호모델(symbolic model)을 도입하였다. 그들은 명확한 기호와 그 내부 조작을 위한 문법적 규칙(syntactical rules)에 초점을 맞추었으며, 정신 활동이 명확한 기호(explicit symbols)의 조작으로 구성 가능하다고 믿었다.

2세대 인지과학은 1세대가 전제한 기호모델을 배제하고 우리의 삶을 만들어가는 활동에 초점을 둔다. 이들은 신경과학적 연구를 반영하면서, 인지적 활동의 중요성과 '체화된 인지'(embodied cognition)에 관한 심도 있는 연구를 보여주었다. 외부적 자극에 대한 인지적 이해가 우리가 흔히 말하는 기억이라는 것을 통해 구조화되는데, 신경단위(neural units)간의 연결(connections)의 강도 또는 구조를 수정하여 이루어지는 신체화의 과정이다.

여기서 연결주의(connectionism)란 명칭이 만들어졌다. 즉 연결주의는 환경의 자극으로부터의 학습하고, 그 학습정보를 신경 세포로 연결하는 것이 삶을 통해 이루어지는 행위라고 본다.

특히 연결주의는 '커넥톰'(connectome)이라고 불리는 뇌 속 신경 세포들의 연결을 종합적으로 표현한 뇌지도를 만들고 있다. 이는 우리의 유전자 지도인 게놈(genom)과 달리 의식 현상과 기억, 그리고 성격을 신경 세포와 동기화시키는 일종의 뇌 회로도라고 생각할 수 있다. 좀 더 넓은 의미로 커넥톰은 단순히 뇌 안에 있는 신경 세포뿐만이 아니라 우리 몸에 넓게 분포되어 있는 신경 세포들 사이의 연결망이다.

인공지능 연구의 선두주자로 불리는 구글(Google)은 2014년부터 커넥톰연구를 시작하였으며, 단순히 전두엽과 측두엽의 위치를 구분하는 수준이 아니라, 뇌를 구성하는 신경 세포가 어떤 구조로 엮여있는지를 보여주는 지도를 구현하고 있다. 이를 위해 복잡하게 엉켜있는 전선의 처음과 끝을 찾듯 나노미터 단위 신경 세포의 복잡한 연결을 일일이 따라가야 하는데, 사람이 직접 하는 데 한계가 있을 수밖에 없다. 결국, 이 연구를 위해 인공지능의 도움을 받고 있으며, 플러드-필링네트워크(flood-filing networks)라는 복잡하게 얽힌 뇌 신경 뭉치에서 각각의 신경 세포를 자동으로 구분해내는 기술을 도입해 기존 기법으로 10만 시간이 필요하던 작업시간을 1,000시간 미만으로 줄였다. 인지과학은 우리의 뇌 조직과 기능에 대해 알아가면서 신경망의 특징을 밝혔으며, 신경망을 인공적으로 구현한 기술이 인공신경망이다.

이제 인공지능 연구 발달사를 살펴보자. 클로드 섀넌(Claude Shannon)은 아직 인공지능 분야가 생겨나기도 전인 1950년 '체스를 두는 컴퓨터 프로그램'이라는 논문을 발표하였다. 이 논문은 미니맥스 전략을 이용한 최초의 컴퓨터 체스 알고리즘이며, 이후 인공지능 체스 알고리즘의 이론적 기반이 되었다. 즉 1950년을 기점으로 기호주의 인공지능 연구가 태동한 셈이다.

기호주의 인공지능을 대표하는 인공지능은 IBM의 '딥블루'(Deep Blue)다. 사실 IBM의 딥블루는 인간이 지적으로 기계보다 우월하다는 생각에 가장 충격을 던져준 인공지능 컴퓨터이다. 딥블루는 1997년 세계 체스 챔피언인 개리 카스파로프(Garry Kasparov)와의 체스 대결에서 처음으로 인간을 꺾었다. 체스 게임은 구조화된 게임의 규칙을 갖고 있기에 각 말들은 정해진 규칙에 따라 움직인다. 따라서 연산능력에 기반해 결괏값을 도출하는 기호주의 인공지능 딥블루가 체스 경기에 있어서는 인간을 압도할 수 있다.

이후 2011년 IBM의 인공지능 '왓슨'(Watson)은 퀴즈 게임쇼인 '제퍼디'(Jeopardy!)에 도전한다. 왓슨이 정해진 규칙과 패턴이 없는 퀴즈쇼에 출현한 것이다. 이 퀴즈쇼에서 나오는 질문들은 사회, 문화, 과학 모든 영역을 포괄한다. 이 당시 IBM의 왓슨은 퀴즈쇼의 질문을 기계 언어로 바꾸고 방대한 데이터베이스에서 정보를 검색한 후에 정확한 대답을 찾아냈다. 결국, 왓슨은 2억 페이지에 달하는 정보를 바탕으로 제퍼디 챔피언인 브래드 러터(Brad Rutter)와 켄 제닝스(Ken Jennings)와 대결을 펼쳐 가볍게 물리쳤다. 이후 IBM은 인간과 토론배틀을 수행하는 인공지능 '프로젝트 디베이터'(Project Debator)를 내놓았다. 프로젝트 디베이터는 우리가 사용하는 일상어를 이해하고, 우리의 주장에 반론을 제기할 수 있는 인공지능이다.

인공지능과 경쟁에서 인간 챔피언들이 참패하는 사례로서 근래 우리에게 충격으로 각인된 사건은 구글 딥마인드(DeepMind)의 '알파고'(AlphaGo)와 이세돌의 대결이다. 알파고는 2016년 3월 이세돌과의 대결에서 4대 1로 승리했다. 물론 알파고는 사람에 의해 코치를 받고 적절한 대응 전략을 수립했다. 사실 바둑은 상상도 못 할 정도로 많은 경우의 수를 갖는 게임이다. 체스의 첫 행마가 20개에 불과한데, 바둑은 361개에 달하기 때문에 인공지능 알파고가 이세돌을 쉽게 못 이길거라 예측하는 사람도 있었다. 어쩌면, 알파고에게 바둑은 손쉬운 연산에 불과한 것일지도 모른다.

'ChatGPT'(Generative Pre-trained Transformer)는 OpenAI가 개발한 프로토타입 대화형 인공지능 챗봇이다. ChatGPT는 대형 언어 모델 GPT-3의 개선판인 GPT-3.5를 기반으로 만들어졌다. ChatGPT는 2022년 11월 프로토타입으로 시작되었으며, 우리와 비슷한 수준의 상세하고 논리적인 글을 만들어 낼 수 있다. 따라서 다양한 지식 분야에서 ChatGPT를 활용하여 한 편의 글을 손쉽게 작성할 수 있는 시대가 도래했다. 이제 우리는 인공지능과 공존하는 법을 탐구해야 하는 시대에 살고 있다.

【활동】

인공지능의 발달과정을 연대기 순으로 요약해 보자.

2) 인공지능의 역습

선사시대 인류의 한 부족은 외계로부터 온 거대한 돌덩이를 발견한 후, 뼈를 무기로 사용하는 방법을 배워 사냥에 활용한다. 시간이 흘러 1999년, 플로이드 박사는 달 분화구 근처에 4백만 년 전에 묻힌 거대한 돌덩이를 조사한다. 발굴 과정에서 햇빛을 받은 돌덩이는 갑자기 강렬한 전파 신호를 목성으로 내보낸다. 18개월 뒤 목성으로 향하는 우주선인 디스커버리호에는 선장인 데이비드와 프랭크, 그리고 동면 상태인 과학자 3명과 슈퍼컴퓨터 HAL 9000이 탑승하고 있었다.

〈영화 '2001: 스페이스 오디세이'의 HAL 9000 스틸〉

어느 날 갑자기 HAL 9000은 우주선 외부의 안테나 유닛이 고장이 났다고 알려왔다. 프랭크는 디스커버리호 밖으로 나가 안테나 유닛을 고치고 들어왔는데, 또 그 유닛이 고장 났다고 HAL 9000이 알려왔다. 선장 데이비드와 프랭크는 HAL 9000이 고장을 일으켰다는 결론을 내리고 HAL 9000이 엿듣지 못하는 장소에서 HAL 9000의 기능을 정지시키려고 모의한다. 하지만 HAL 9000은 그들의 입모양을 읽고 오히려 그들을 제압하고자, 프랭크를 디스커버리호 밖에 표류하게 함으로써 선장 데이비드까지 우주선 밖으로 나가도록 유도한다. 선장 데이비드는 프랭크를 구출하려고 소형 작업선을 타고 디스커버리호 밖으로 나갔지만,

프랭크를 구출하는 데 실패한다. 이 후 선장 데이비드는 우주선 안으로 다시 들어오려고 하지만 HAL 9000은 이를 막아선다. 선장 데이비드가 우주선 외부 문을 개방할 것을 명령하지만, HAL 9000은 선장 데이비드에게 이렇게 답한다.

"I'm sorry Dave, I'm afraid I can't do that."

앞선 내용은 1968년 개봉한 스탠리 큐브릭(Stanley Kubrick) 감독의 '2001: 스페이스 오디세이' 영화 속 이야기이다. 우리가 겪고 싶지 않은 끔찍한 인공지능의 역습이다. 만약 이런 일들이 현실로 일어난다면 우리는 미리 예방해야 맞지 않을까? 하지만 인공지능 로봇틱스 개발자들은 우리의 걱정을 뒤로하고 기술 진보에 매진하고 있다.

소피아는 홍콩의 로봇 제조기업 '핸슨로보틱스'(Hanson Robotics)의 설립자 데이비드 핸슨(David Hanson Jr.)박사가 개발한 로봇이다. 2018년 국내에도 첫선을 보인 소피아는 인간과 흡사한 외모에 비교적 능숙한 대화 기술로 대중의 관심을 끌었다. 개발사인 핸슨로보틱스는 소피아가 '자기인식'과 '상상력'을 갖는 등 인간 수준으로 진화시키겠다는 목표를 제시했다.

커넥톰 연구를 주도하는 세바스찬 승(Sebastian Seung) 박사는 현재 삼성리서치 사장을 맡고 있다. 뇌신경공학 기반 인공지능 분야 세계적 권위자인 세바스찬 승은 "인간의 뇌를 닮은 AI를 개발하려면 AI가 인공 신경망을 이용해 스스로 공부하는 '자율학습'(unsupervised learning) 단계에 올라서야 한다"고 주장한다.

【활동】

1. 여러분도 생각해 보자. 핸슨로봇틱스가 제시한 상상력과 자기인식이란 말은 무슨 뜻일까요?

2. 만일 인공지능 로봇틱스 스스로 상상하는 힘을 가지고 있고 자기인식이 가능하다면 우리와 어떻게 다른지 자신의 생각을 제시하시오.

3) 인공지능과의 공존

인공지능 연구는 인간의 지능을 모방하여 인간이 하는 일을 더 신속하고, 정확하고, 안전하고, 효율적으로, 자연스럽게 처리할 수 있도록 도와주는 기술이다. 따라서 인공지능 기술은 우리에게 편리함을 제공할 뿐만 아니라, 자연재해나 재난 상황과 같은 다양한 위협으로부터 우리의 생명을 지켜주는 역할도 할 수 있다.

이러한 인공지능의 역할을 탐색하던 미국 국방과학 기술연구소(DARPA)는 9·11 테러 이후 군인들의 피해를 최소화하기 위해 전투 차량의 1/3을 무인화 한다는 계획을 세웠고, 이를 위해 2004년 미국 국방과학 기술연구소는 그랜드 챌린지(DARPA Grand Challenge)를 개최했다. 2004년 그랜드 챌린지는 미국의 모하비사막 지역 I-15번 고속도로의 캘리포니아주 바스토와 캘리포니아-네바다 주 경계의 프림 사이의 240km 구간을 완주하는 경주였다. 이 첫 대회에서는 자율주행 자동차들이 주어진 길을 제한된 시간 내에 완주하는 것을 목표로 진행했지만 완주한 차량은 없었다. 다만 카네기 멜론대(Carnegie Mellon University) 레드 팀이 가장 먼 거리 11.78 km(7.36 마일)을 주파하였다. 다음 해인 2005년 미국 국방과학 기술연구소의 그랜드 챌린지는 2005년 10월 8일 오전 6시40분에 시작되었다. 최종 결승에 진출한 23대의 자율주행 자동차들 가운데 한 대를 제외하고는 모두 2004년 최장주행기록인 11.78 km를 돌파하였고, 다섯 대의 차량은 완주하였다. 이후 2007년에 미국 국방과학 기술연구소 어반 챌린지(DARPA Urban Challenge)는 도심주행을 위해 11월 3일 폐쇄된 캘리포니아 빅터빌소재 조지 공군기지(현재는 서던 캘리포니아 병참 공항)에서 열렸다. 경기 코스는 96km 도심 구간으로 6시간 이내에 완주해야 했다.

현재 우리가 접하는 자율자동차 연구는 미국 국방과학 기술연구소 그랜드 챌린지가 기폭제가 되어 지금의 구글 '웨이모'(Waymo)나 테슬라(Tesla)의 자율주행차량을 만나고 있다. 자율주행 등급은 0-5단계로 분류된다. 0단계는 사람이 운전해야 하는 단계로 자동화가 없다. 1단계는 방향, 속도제어 등 특정 기능의 자동화가 이루어져 있지만, 운전자는 차의 속도와 방향을 항상 통제해야 한다. 2-3단계는 부분적으로 자율주행이 가능하며, 고속도로와 같이 정해진 조건에서 다른 차량과 차선 인식, 그리고 앞차와의 간격 유지와 같은 기능을 수행한다. 운전자는 항상 주변 상황을 주시해야 하며, 운전자가 돌발 상황에 대비해 한계

상황에서 정해진 시간 안에 대응해야 한다. 따라서 2-3단계는 일정 구간 특정 조건에서만 자율주행시스템이 작동한다. 4단계는 자율주행 시스템이 주행하지만 몇 가지 예외 상황에서 사람이 주행할 필요가 있는 단계이다. 5단계는 사람이 운전할 필요가 없는 완전한 자율주행 시스템이다. ADAS(Advanced Driver Assistance Systems)가 개발될 경우에서 자율주행 자동차의 등급은 2.5단계 정도에 해당된다고 보고 있다. 테슬라의 경우는 2단계와 3단계의 중간 정도의 자율주행 기술을 가지고 있다. 아직 완전한 자율주행이 시행되기까지는 기술적인 부분에서 넘어야 할 산이 많다.

완전한 자율주행 기술이 구현된다면 일상생활뿐만 아니라 산업분야에서도 큰 변화가 찾아올 것이다. 더욱이 인공지능 기술이 우리와 같은 신체구조를 가진 로봇틱스 분야에 접목된다면 우리의 노동을 포함한 역할을 대체할 수도 있을 것이다. 이는 우리의 일자리를 위협하는 요소로 간주 되기도 하지만 재난 구조 활동의 경우 우리의 생명을 지켜주는 역할도 가능한 것이다. 지금까지 세계 곳곳에서 발생하던 재난 상황의 대부분은 물과 불에 의한 것이었다. 고온을 버텨낼 수 있는 내열성 슈트나 잠수복만 있으면 인간은 자유롭게 재난환경을 오고 갈 수 있었고, 상황에 맞는 구호 활동을 직접 수행할 수 있었다. 지금은 상황이 많이 달라졌다. 화석연료가 고갈되어감에 따라 신에너지에 관한 연구가 활발히 진행되었고, 그중 몇 가지는 이미 실제 에너지원으로써 활용되고 있으며, 이로 인해 발생할 수 있는 재난의 범위가 매우 넓어져 인간이 직접 구호 활동을 벌이기가 힘들어졌다. 대표적인 사례가 바로 후쿠시마 원전폭발 사고이다.

재난구조용로봇을 만드는 일본국제구출시스템연구기구(International Agency for Research on International Rescue System)는 사고 발생 다음날 지진 피해자를 구출하기 위해 무너진 건물 더미에서 생존자를 찾아내는 뱀형로봇 '능동 스코프카메라'와 사람이 가기 힘든 재해지역을 자유롭게 돌아다니는 '쿠인스'(Quince) 등의 최첨단 로봇을 가지고 센다이시로 달려갔다. 하지만 조정인력이 부족하다는 이유로 활용하지 못하고 오랫동안 대기 상태로 있을 수밖에 없었다. 결국, 원전 중심부의 방사능 수치가 인간이 감당할 수 있는 수준이 아니었기 때문에 인력을 직접 투입하는 것이 불가능하여 대응이 늦어졌고, 결과적으로 후쿠시마 원전사태는 아직까지도 종결되지 않은 채 현재진행형 상태에 놓여있다.

미국 국방과학 기술연구소는 2012-2015 '세계재난로봇대회'(DARPA Robotics Challenge)

를 통해 로봇틱스의 기능과 역할에 대한 비전을 제시한다. 이 세계재난로봇대회는 후쿠시마 원전사태와 같은 재난 상황에서 인간을 대신하여 임무를 수행할 수 있는 로봇의 개발을 목표로 하는 재난 로봇 경연대회인 셈이다. 이 대회에서는 다음 8가지 임무의 통과 여부와 그 정도를 평가하였다.

- 일반 차량에 스스로 승차하고 목적지까지 운전하기
- 차에서 내려, 장애물이 있는 100m 자갈밭을 통과하기
- 건물 입구의 장애물을 제거하기
- 건물의 문을 열고 내부 진입하기
- 사다리를 타고 올라가기
- 공구를 이용해 콘크리트 벽 부수기
- 누수 파이프를 찾고 밸브 돌려 잠그기
- 고장 난 냉각 펌프 교체하기

세계재난로봇대회에서 1위에게 주는 상금 200만 달러(=약 20억원)는 한국 카이스트의 '휴보'(Hubo)가 가져갔다. 휴보는 한국과학기술원 오준호 교수팀이 개발한 휴머노이드 로봇이다. 2002년 1월부터 개발하기 시작하여 2004년 12월 완성했다. 키 120cm 정도의 크기로, 2족 보행을 할 수 있다. 걷기, 계단 오르기, 문 열기, 악수하기, 밸브 잠그기, 장애물 피하기, 운전하기 등의 동작을 할 수 있다.

분명히 인공지능 로봇틱스 기술은 재난 상황에서 그 역할을 극대화할 수 있을 것이다. 하지만 그 기술에 대한 한계점을 명시하지 않으면 판도라의 상자가 될 수도 있을 것 같다.

【활동】

미국 국방과학 기술연구소 2012-2015 세계재난로봇대회는 어떤 배경에서 시작하였는지 기술해보자.

3. 빅데이터의 시대

1) 빅데이터 활용 사례

■ 구글 플루 트렌드

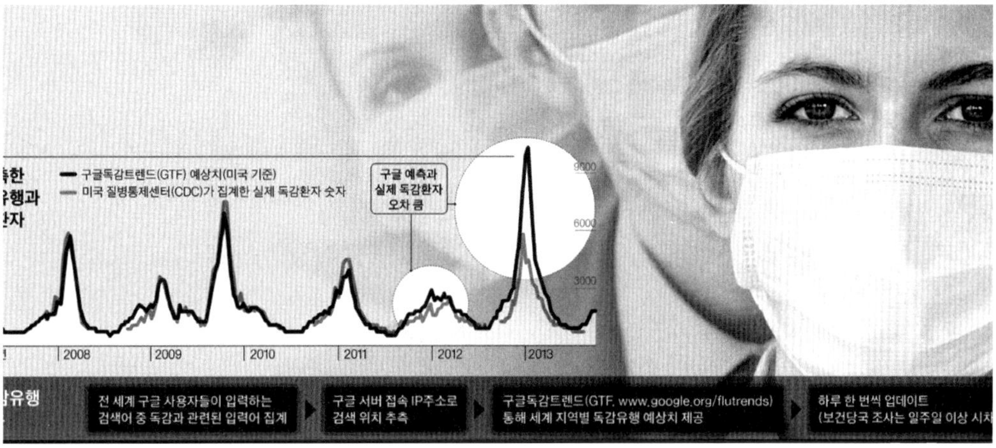

중앙일보 2014년 3월14일 '빅데이터의 배신?' 기사 참조(https://www.joongang.co.kr/article/14152119#home)

구글은 2008년 감기, 독감 같은 검색어를 입력하면 독감 발생지역을 예측하는 빅데이터 기반 독감 경보 시스템(Google Flu Trends) 프로젝트를 선보였다. 빅토르 쇤버거(Viktor M. Schönberger)는 구글 독감 경보시스템을 정부의 뒤늦은 공식발표, 통계자료보다 더 유용하고 시기적절한 전염병 지표라고 칭찬했으며, 미국 질병관리본부(Centers for Disease Control and Prevention)보다 1주 이상 빠르게 독감 유행 시기를 예측할 수 있다고 소개되면서 크게 주목받았다. 이후 빅데이터 기반 독감 경보 시스템은 완벽에 가깝게 독감 유행을 예측했을까? 사실 구글의 성공담에 비해 그 뒤의 이야기는 조금 덜 알려진 것 같다. 뜻밖에도 구글은 얼마 뒤에 독감 경보 시스템 사업을 접고 만다. 특히 2009년 신종 인플루엔자 HINI은 예측하지 못했으며, 2013년에는 신종 인플루엔자 H3N2에 두려움을 느낀 사람들이 검색을 많이 하다 보니 실제보다 과대 예측하고 말았다. 결국, 2015년 구글은 이 서비스를 종료하였다.

아마 다양한 원인이 작용해서 그런 잘못된 예측이 나왔겠지만, 구글의 독감 예측 사례는 빅데이터의 눈부신 성공담인 한편, 빅데이터에 대한 지나친 믿음을 경고하는 대표적인 사례가 될 만하다.

■ 블루닷

How Canadian AI start-up BlueDot spotted Coronavirus before anyone else had a clue

By Jerry Bowles March 10, 2020　　Dyslexia mode

SUMMARY: An AI-based infectious disease surveillance system that searches the world around-the-clock for possible pandemics should have your attention.

diginomica.com의 2020년 3월10일 기사 참조(https://diginomica.com/how-canadian-ai-start-bluedot-spotted-coronavirus-anyone-else-had-clue)

'블루닷'(BlueDot)은 2019년 12월 31일 우한시 보건위원회의 폐렴환자 발생을 블루닷 웹사이트에 공지하면서 우한폐렴 발병 사실을 알리고 우한시 등의 방문을 삼가할 것을 경고하였다. 반면 세계보건기구(WHO)는 다음 해 1월9일에 확산 경고하였다. COVID-19의 경우, 블루닷은 우한시 화란시장과 관련된 27건의 폐렴사례를 보고한 중국 기사를 근거로 확산을 경고한 이후, 글로벌 항공 발권 데이터와 같은 정보를 사용하여 우한과 깊이 연결된 도시를 정확하게 식별하여 감염자가 어디를 여행하는지 예측했다. 우한에서 가장 많은 여행객을 확보할 것으로 예상되는 도시는 방콕, 홍콩, 도쿄, 타이페이, 푸켓, 서울 및 싱가포르였다.

블루닷은 세인트 마이클 병원(St. Michael's Hospital)과 마스이노베이션(Mars Innovation)의 파트너십 체결을 통해 설립된 빅데이터 분석 스타트업이다. 이 회사는 임상의이자 감염병 전문가 캄란 칸(Kamran Khan) 박사가 병을 추적할 수 있는 더 나은 수단을 찾기 위해 2013년 창업하였다. 그는 2003년 사스(SARS)가 홍콩에서 토론토로 확산되어 44명의 사망자와 20억 달러의 손실를 입혔던 감염병의 강한 전파력을 체험한 후, 이를 대비하기 위해 회사를 설립했다. 블루닷은 캐나다 내 잘 갖추어진 스타트업 생태계를 바탕으로 크게 성장하며 2014년 이래로 150여 개 이상의 바이러스 확산 및 전파와 관련해 유의미한 결과를 산출한 바 있다. 사실 블루닷은 전염병 확산을 예측하고 추적하도록 설계된 독점적인 서비스 형 소프트웨어이다. 이 엔진은 전 세계 150개 이상의 질병 및 증후군에 대한 데이터를 매일 15분마다 검색한다. 여기에는 질병 통제 센터 또는 세계보건기구와 같은 조직의 공식 데이터가 포함되지만, 예측 능력의 많은 부분은 매년 상용 항공편을 이용하는 40억 명 이상의 여행자들의 이동 경로를 포함하여 인간, 동물 및 곤충 개체 수 데이터, 위성으로부터의 기후 데이터, 65개 언어로 된 10만 건의 온라인 기사를 통해 얻는다. 블루닷이 구글 독감 경보 시스템과 다른 점은 수의사, 의사, 감염병전문가, 엔지니어, 데이터 과학자 및 소프트웨어 개발자를 포함한 사람들이 블루닷이 분석에 관여하고 있다.

감염병이 발생한 국가의 정부 공식발표와 현지 모니터링을 토대로 위험성을 결정하는 국제기구의 판단 기준과는 다르게, 블루닷의 건강 모니터링 플랫폼은 인공지능 알고리즘을 활용한 질병 경고 시스템이다. 블로그 및 언론 보도나 항공 데이터, 동식물 질병에 관한 네트워크 등을 정밀 조사해 집단 감염이 발생한 위험 지대를 피하도록 클라이언트에게 정보를 제공한다.

■ 서울시 심야버스

빅데이터는 대량의 정형 또는 비정형 데이터 집합 및 이러한 데이터로부터 가치를 추출하고 결과를 분석하는 기술이면서 기존 데이터에 비해 양이나 종류가 너무 커서, 기존방법으로는 도저히 수집, 저장, 검색, 분석 등이 어려운 데이터를 총칭한다. 이러한 정보와 기술을 활용하면 우리 삶의 편리함을 분명히 가져온다.

서울시는 2013년 심야시간대 택시승차 거부로 인한 불편을 줄이고, 심야 근로자의 교통수단 대책을 마련하기 위해 심야시간대 대중교통의 노선 빅데이터를 활용하였다. 먼저 KT의 CDR(Call Detail Record)데이터 약 30억 건과 서울시의 택시 이용 데이터 등을 KT의

빅데이터 분석 플랫폼(KDAP) 활용하여 심야버스 5개 노선을 분석하였다. 다음으로 유동인구 밀집도를 알아보기 위해 서울시를 1km 반경의 1,250개 헥사셀 단위로 구분하였다. 그리고 한달 치 KT 휴대전화 이력 데이터로 심야 시간 0시부터 5시 사이의 통화량을 분석해 구역별 유동인구 밀집도를 분석하고 이를 헥사셀 단위로 시각화하였다. 다음으로 유동인구 기반 노선 최적화를 위해 기존 노선의 시간 및 요일별 패턴을 분석하고, 노선 부근의 유동인구 통계로 가중치를 계산하여, 노선을 최적화하였다. 마지막으로 유동인구 기반으로 배차 간격을 조정하였다. 이는 정류장 단위로 통행량을 추정하고, 통행량을 선의 굵기로 표현하여 헥사셀로 구분된 맵에 시각화함으로써 최종적으로 요일별 배차 간격을 조정한 결과였다.

이러한 서울시의 심야버스 노선 변경 배차시간 조정은 심야시간대 택시승차 거부로 인한 시민의 불편을 감소시키고, 심야 근로자들의 교통비 부담을 완화하는 효과를 얻었다. 빅데이터 기술은 많은 정보를 분석해 사용자가 원하는 형태로 제공한다. 특히, 이 과정에 소용되는 시간과 비용을 줄여주며, 결괏값의 정확도도 우수하다는 장점이 있다.

【활동】

팬데믹 상황에서 블루닷의 역할을 기술해보자.

2) 인공지능 + 빅데이터

인공지능과 빅데이터의 발전은 알고리즘을 통해 개개인의 관심사에 맞는 영상들을 추천하거나 GPS기반 최적화된 경로 찾기, 그리고 개인의 생활패턴 및 소비성향을 고려한 제품 추천 등 우리 삶에 많은 영향을 미치고 있다. 산업분야에서 스마트팜과 같은 사물인터넷(IoT) 등을 통해 수집한 빅데이터를 기반으로 최적의 생육환경을 자동으로 제어하는 농장도 등장한다. 토양 데이터, 기후 데이터, 병충해 데이터를 이용해 자연으로부터 오는 위협을 최소화하고, 과거의 수확량 데이터를 통해 합리적인 의사 결정을 할 수 있다. 또한, 원하는 시간에 원하는 양만큼의 비료와 물을 줄 수도 있고, 센서를 통해 온실의 환경요인을 모바일로 원격 제어할 수도 있게 되었다.

빅데이터의 활용으로 의료 부분에도 큰 변화가 찾아왔다. 동물실험의 경우 질병의 원인을 알아내고 약물을 개발하는 과정에는 종간 차이와 같은 생물학적, 환경적 변수들을 고려하다 보니 인간 대상으로 적용하기까지 시간이 많이 소요되었다. 이제는 빅데이터를 통해 예측 모델을 구축하여 데이터 리소스에서 숨겨진 연관성이나 패턴을 찾아 질병을 개선하는 데 초점을 맞추고 있다. 또한, 환자들의 유전적 프로파일들과 질병 및 치료법, 반응 패턴 등의 데이터를 식별해서 환자 요구에 맞는 맞춤형 의료를 제공할 수 있게 되었다.

그러나 빅데이터의 발전으로 우리의 일상이 편리해졌지만, 그에 따른 우려도 있기 마련이다. 첫째, 데이터와 관련해서 흔히 떠올리는 걱정은 개인정보 유출 및 사생활 침해 문제이다. 빅데이터를 수집하는 과정에서 개인정보와 사생활이 등한시되기 쉬운데, 빅데이터 수집이라는 명목하에 개인의 취향, 소비패턴, 위치 정보 등 누군가에 의해 감시되고, 그 과정에서 악용될 수도 있다. 둘째, 데이터 의존도 증가로 인한 주체성 및 개성 상실이다. 전에는 소비자가 능동적으로 직접 제품을 찾고 선택하는 과정을 거쳤는데, 빅데이터 활용으로 소비자 패턴을 분석하여 맞춤형 서비스 제공이 가능해지면서, 소비자는 빅데이터가 추천해주는 대로 수동적으로 반응하여 주체적 소비를 못하는 경우가 발생한다. 따라서 데이터에 지나치게 의존하게 되면 새로운 것을 만들어내기보다는 기존의 정보를 답습하는 경향이 있어 주체성과 창의성이 줄어들 수 있다.

【활동】

1. 빅데이터로 인해 우리 일상에서 일어난 변화에 대해 기술해보자.

2. 빅데이터와 인공지능 기능이 결합한 기술분야에서 우리가 직접적으로 체감하는 것은 무엇인지 생각해보자.

05

과학기술 에세이

1. 과학기술 에세이란
2. 과학기술 에세이의 소재
3. 과학기술 에세이 쓰기

1. 과학기술 에세이란

과학적이라는 말은 대중들에게 난해하다는 인상을 준다. 더욱이 과학의 용어나 과학기술자의 발언들은 그 중요성에도 불구하고 과학계의 범위를 조금만 벗어나도 다수와의 소통을 어렵게 만든다. 그러나 과학은 광대무변한 우주를 설명하거나 수학 수식 속에만 살아 있는 것은 아니다. 그것은 오히려 우리의 주변과 일상을 설명하는 가장 유의미한 언어이다. 우리의 일상생활은 많은 부분 과학적 현상과 연결되어 있다. 그래서 눈이 내리고, 바람이 불고, 풀과 나무들이 푸른색을 띠고, 꽃이 피고 지고, 자동차가 달리고, 라면이 끓는 데도 과학적인 설명의 토대가 있다. 이러한 이해를 통해서 우리는 사물과 세계를 조금 더 본질적으로 이해하고 과학과 다른 영역 사이의 장벽을 낮추어서 진지하고 흥미로운 대화를 이어갈 수 있을 것이다.

과학기술 에세이는 비교적 자유로운 형식으로 특정한 주제나 대상에 초점을 맞추어 글쓴이의 관점이 드러나도록 쓰는 글이다. 과학이라는 대상에 대한 궁금증을 풀어 주거나, 과학에 대한 새로운 정보, 일상생활에서 찾아볼 수 있는 과학적 원리, 사람들이 잘못 알고 있는 과학의 왜곡된 지식 등을 올바르게 안내하는 글이다. 이와 함께 사회적 쟁점이 되는 논란에 대해 과학적 지식을 바탕으로 문제를 대변하고 방향을 제시해 주는 글이다. 요컨대 과학이라는 전문적인 지식을 매개로 사람들과 소통하는 글이라 할 수 있다. 따라서 과학기술 에세이를 쓸 때 필요한 것은 '과학에 관한 전문적 지식', '자료와 정보를 탐색할 수 있는 능력', 그리고 쉽고 명료하게 전달하는 '글쓰기 능력'이다.

현재 과학기술은 사회·경제·문화 전반의 변화를 주도하고 있다. 이러한 시대에 과학기술에서 비롯된 현실과 사회에 대한 글쓰기는 과학도인 우리 자신에 대한 쓰기이다. 과학기술은 그 자체가 우리의 '목적'이 아니라 인류가 지향하는 보편적 삶의 가치를 위한 '수단'으로 과학기술이 추구하는 발전의 욕망은 세상을 더 나쁘게 바꾸기 위함은 아니었을 것이다. 하지만 기술의 진보는 환경, 생태, 지구 온난화 등 우리의 삶을 위협하고 있고 이러한 현상은 과학기술 현실에 대하여 성찰해 보는 필요성을 인식하게 한다. 전공 분야를 넘어 사회적 이슈에 대한 이해와 문제의식을 지니고 미래의 과학기술자로서 자신을 잘 이해하고 내가 직면한 문제를 보다 넓은 시각에서 바라볼 수 있어야 한다.

2. 과학기술 에세이의 소재

과학기술 에세이는 과학적인 내용을 소재로 한다. 과학에 관한 이론, 화제가 되는 과학 관련 뉴스나 정책 혹은 우리의 일상생활에서 내재하고 있는 과학원리, 과학자들이 자신의 전공 분야를 토대로 삶과 세상의 이치를 이야기하는 것 등 매우 다양하다.

1) 생명을 교란시키는 환경호르몬

환경호르몬에 대한 경각심을 불러일으키는 계기가 된 책으로는 단연 두 권을 꼽을 수 있다. 하나는 화학물질 과다 사용의 위험성을 알려 환경운동에 불을 지핀 것으로 평가되는 레이철 카슨의 《침묵의 봄, 2003》이고, 다른 하나는 야생동물의 체내에 축적되는 화학물질을 조사하여 주요 환경호르몬 물질을 지정한 동물학자 테오 콜본이 쓴 《도둑맞은 미래, 1997》이다. 전자는 화학물질의 심각한 남용, 특히 농약으로 인해 생물의 가시적인 상처를 보여주면서 생태계의 종말 가능성을 고발했으며, 후자는 야생동물 일부가 생식 및 행동 장애로 멸종위기에 처해간다는 경고를 전하며 내분비계 교란 물질이 환경오염의 주범임을 알렸다.

레이첼 카슨의 예언이 살충제 사용에 중요한 변화를 불러일으켰고 결국 종말론적인 '침묵의 봄'을 예방했듯이, 테오 콜본의 내분비계 교란 물질 지정으로 환경호르몬에 대한 규제가 발의되어 국가의 정책에도 영향을 주었다. 두 과학자의 저서는 일반 사람들에게도 환경호르몬의 실체인 화학물질에 대한 과학적 지식과 위험을 알려주는 중요한 원천이 되었다.

우리는 생활 전반에 걸쳐 다양한 화학물질에 둘러싸여 살고 있다. 그리고 대부분 이 물질이 인체에 어떤 영향을 미치는지 알지 못하고 사용하고 있다. 가습기 살균제처럼 필요에 의해 구입한 물건에서 뜻밖의 치명적인 물질이 포함되어 있다는 사실이 밝혀지기도 하고, 즐겨 사용하던 생필품에서 유해 물질이 검출되기도 하는 등 사회 전반적으로 문제가 발생하고 있다.

유해 물질로 알려진 비스페놀 A는 이름만 들었을 때, 다소 생소한 화학물질이지만 사실 생활용품에서 자주 사용하는 물품에 들어있어 주의가 요구된다. 컵라면 용기, 유아용 젖병, 플라스틱 그릇, 캔 등 수많은 플라스틱 제품에 포함되어 있으며 인쇄되어 나오는 영수증 종이에도 비스페놀 A가 많이 함유되어 있어 논란이 가속화되고 있다. 그러나 우리는 또다시 컵라면을 먹고 있고, 플라스틱 용기에 담긴 더 다양해진 인스턴트 식품에 유혹되고 있다. 이제 환경호르몬의 위협에서 벗어난 것일까?

비스페놀 A는 인체에 흡수됐을 때 호르몬과 유사한 작용을 하거나 정상적인 호르몬 작용을 방해해 인체에 영향을 줄 수 있는 '내분비계 장애 추정 물질'로 규정되고 있다. 여성에게는 유방암을 남성에게는 정자 감소 등을 유발하기 때문에 일상생활에서 비스페놀 A가 함유된 물건 사용에 주의해야 한다. 하지만 플라스틱 제조업체들은 비스페놀 A가 함유된 플라스틱 제품에 함량이 적어 인체에 해를 끼칠 정도는 아니라고 주장하고 있다. 완벽한 증거가 없기에 안전함에 대해서도 결코 안심할 수 없다.

우리는 수천 가지의 새로운 화학물질 속에서 살아가는데, 이 중에서 어떠한 것이 유해한 것인지 그리고 얼마만큼 섭취하고 있는지에 대한 대강의 윤곽을 잡기도 힘들다. 이는 물질 개발이 빨리 이루어진다는 것에도 기인하지만 제조업체들이 지적 소유권이나 산업기밀이라는 이유를 들어 그들이 사용하는 화학물질에 대한 정보를 제공하지 않기 때문이다.

비스페놀A가 환경호르몬의 일종이라는 것도 제조업체가 성분을 공개하지 않아 오랜 시간이 지난 이후에 밝혀졌다. 공공의 알 권리보다 산업체의 법적 특권이 법으로 보호받고 있는 것이다. 이렇게 많은 화학물질이 정확한 자료가 없이 사용되고 있기에 유해 물질에 대한 연구가 더 이뤄져야 하며, 그 위험성에 대한 정보도 소비자가 반드시 알아두어야 한다.

이렇듯 환경호르몬은 우리 주변 깊숙이 들어와 우리에게 해를 끼치고 있지만 명확하게 그것의 피해가 어떤 것인지, 또한 얼마만큼의 용량이 치명적인 것인지에 대한 논란은 아직도 분분하다. 더욱이 환경호르몬 의심 물질로 추정되거나 아직 환경호르몬으로 밝혀지지 않은 화학물질도 많다는 것이다. 그리고 이 화학물질이 흡수되면 배출되지 않고 지속적으로 축적된다는 점을 생각해본다면 사용과 노출을 피하고 실천 가능한 우리의 행동에 대해 현명한 선택이 요구된다.

【활동】 환경호르몬이 무엇인가? 라는 질문을 받았다면 어떻게 설명할 것인가? 두 단락으로 써보자.

우리가 부르고 있는 '환경호르몬'은 몸 안에서 호르몬의 정상적인 기능을 방해하는 화학물질로 전문용어로는 '내분비계 교란 물질'이라고 한다. 생물체는 살아가는 데 필요한 다양한 기능을 수행하기 위해서 신호전달 물질인 호르몬을 만드는데, 주로 혈액을 매개로 해서 각 기관에 영향을 주며 생리현상을 조절한다. 이 호르몬을 분비하는 체계가 내분비계이다. 그런데 우리 주변에 널리 있는 화학물질 중에는 생물체 내에 유입되어 진짜 호르몬처럼 작동하는 유사 화학물질이 존재한다. 호르몬과 유사한 이 화학물질의 여러 문제점이 발견되자 일반인의 이해를 돕기 위해 '내분비계 교란 물질'이라는 전문용어를 대신하여 환경 속에 있는 유사 호르몬이라는 의미로 '환경호르몬'이라는 용어를 사용하고 있다.

호르몬의 생리적인 작용을 일으키는 기본원리를 이해시키기 위하여 가장 많이 드는 비유가 열쇠와 자물쇠이다. 호르몬 열쇠는 혈액을 따라 각 기관으로 옮겨 다니다가 자신과 맞는 유기체에 반응하여 자물쇠가 있는 기관에서 결합하면서 적절하게 생물학적으로 작동한다. 환경호르몬은 정상 호르몬을 대신하고 있는 유기체와 결합하면서 비정상적인 생리작용을 일으키는데 이것이 유사작용이다. 환경호르몬이 반응한 유기체와 결합하여 정상 호르몬의 결합을 방해하는 것은 봉쇄작용이다. 이러한 방법으로 환경호르몬은 정상 호르몬이 생성되는 것을 저해하거나 과대 생성되도록 만든다.

윗글은 환경호르몬을 설명하고 있는 글이다. 호르몬은 생물체의 신호전달 물질로 생리현상을 조절한다. 그런데 화학물질이 생물체 내에 유입되어 진짜 호르몬처럼 작동하여 정상 호르몬의 활동을 방해해서 비정상적인 생리작용을 일으킨다. 이 화학물질을 환경호르몬이라고 한다.

이렇게 환경호르몬에 대한 용어를 설명하는 것을 글로 옮겼을 때 하나의 에세이가 될 수 있다. 설명의 목적은 어떤 대상을 쉽게 이해하는 것을 돕는 것이다. 그러므로 설명을 통해 대상의 속성과 그 속성들의 내적 연관성을 드러내야 독자는 대상을 쉽게 이해할 수 있다. 이때 필자는 누구나 납득할 수 있도록 객관적으로 글을 써야 한다.

【활동】

1. 자신이 알고 있는 과학 용어 혹은 개념 중 하나를 선택하여 설명해보자.

2. 이공계열 학생들은 자신의 전공 분야에 대한 다양한 과학 지식을 습득하게 된다. 자신의 전공 분야에서 사용되는 '용어'를 한 가지 선택하여 일반 사람들이 알기 쉽게 설명하는 글을 한 단락으로 써보자.

2) 요리 속 과학 지식

모든 요리에는 과학의 원리가 숨어 있다. 음식은 재료를 준비하는 과정부터 우리 몸속에서 소화되어 흡수되기까지 수많은 분자와 생명이 이루어내는 오묘한 생태계다. 과학적인 요리 과정은 음식의 맛을 결정하는 중요한 요소이다. 우리가 즐겨 먹는 음식 속에 숨겨진 과학의 원리를 알게 되는 것은 일상에서 과학적 소통의 즐거움을 경험하는 것이다.

예를 들어 감자 칩 튀김은 얇게 썰어 칩의 형태로 튀겨낸 것인데, 바삭하고 고소한 맛이 일품이다. 그런데 이렇게 얇은 감자 칩이 고온에서 튀겨졌는데도 타지 않고 그 형태가 거의 그대로 잘 유지되는 것이 참으로 신기하다. 여기엔 어떤 비밀이 숨어 있는 것일까?

튀김은 그 재료에 따라 기름 온도를 조절한다. 어패류는 190℃ 정도에서, 열에 약한 야채류 중 두툼한 두께는 170℃에서 짧게 튀겨낸다. 과일은 야채류 보다 더 열에 취약하기에 얇게 썬 재료일수록 기름 온도를 더 낮춰야 한다. 문제는 낮은 온도에서는 기름이 끓지 않아 대류가 잘 일어나지 않는다. 순환하는 대류가 없으면 열이 골고루 전달되지 않아 튀겨지지 않는다. 이를 위해 고안된 것이 바로 '진공 튀김기'이다. 높은 산에 올라가 밥을 지으면 설익는다. 그 이유는 기압이 낮아 물의 끓는점이 낮기 때문이다. 진공 튀김기는 이 원리를 이용한다.

밀폐된 튀김 용기 안을 진공상태로 만들어 기름의 끓는점을 낮춘 것이다. 그런데 사실 과학적으로 진공이라는 것은 공기 입자가 거의 없는 상태를 말하지만, 실제로 진공 튀김기는 그 정도까지는 공기를 제거하지 못한다. 펌프를 이용해 최대 0.03기압, 그러니까 우리 주변의 공기보다 100분의 3 정도까지 공기 입자 수를 줄일 뿐이다. 따라서 정확하게는 '저압 튀김기'라 부르는 것이 맞을 것이다. 보통은 150℃ 이상에서나 가능했던 기름의 대류 현상이 80℃ 이하에서도 일어나기 때문이다. 따라서 훨씬 낮은 온도에서도 제대로 된 튀김 요리가 가능해진다. 물론 연약한 감자의 육질이 손상되는 것도 최소화할 수 있고 고온의 조리에서 우려되는 유해 물질의 생성도 획기적으로 줄어드는 장점이 있다.

따라서 얇게 썰어 칩의 형태로 튀기는 것이 쉽지 않은데 압력이 낮은 상태라면 저온에서 튀기는 것이 가능해져 온전한 감자 칩 형태를 잘 유지할 수 있다.

【활동】

과학적 근거를 제시하여 다음 중 하나를 선택하여 두 단락 이내로 글을 써보자.

1. 냉동만두를 군만두로 만들 때 물을 첨가하는 이유
2. 생김치가 익은 김치로 발효되는 과정
3. 벌이 육각형으로 벌집을 짓는 이유

3) 21세기 계몽프로젝트 '기술 문맹'

과학기술은 21세기의 상황에서 보았을 때 공기와 같은 존재이다. 공기가 없이는 생명을 유지할 수 없듯이 과학기술 없이는 일상생활을 유지하기가 어려운 상황이 되었다. 스마트폰을 사용하고, 컴퓨터로 일을 하고, 게임을 하고, 텔레비전 혹은 유튜브로 여가를 보내는 것 등은 모두 과학기술로 가능한 일들이다. 이처럼 오늘날 과학기술은 우리의 일상생활에 깊이 스며들어 있다.

최근 간간이 언론 지면에 '리터러시'(literacy)라는 용어가 오르내린다. 리터러시는 '문해력' 혹은 '문식력'이라는 우리말로 옮겨 쓰이기도 한다. 이 번역어들은 초창기 리터러시 개념의 출발을 가늠해볼 수 있는 단서를 담고 있다. 역사적으로 이는 근현대 시절 지식인들의 정보 점유물이었던 인쇄된 신문과 책자를 일반 대중이 두루 읽고 독해할 수 있도록 문맹률을 낮추던 시기와 맞물려 있다. 즉, 초기 리터러시는 대중의 문맹을 극복하기 위한 일종의 국가 계몽 프로젝트로 시작되었다.

바야흐로 21세기형 리터러시 개념은 첨단의 신기술 시대에 적합한 시장 인간형 양성에 집착하는 듯 보인다. 흔하게 쓰던 '미디어 리터러시'라는 용어와 더불어 최근에는 '디지털 리터러시', '데이터 리터러시', '정보 리터러시' 등 개념들이 두루 쓰이고 있다. 단일의 통일된 쓰임새를 얻고 있지 못하지만, 이들 리터러시의 용어법에서 내리는 정의나 접근은 흥미롭다.

가령, '제4차 산업 혁명 시대를 견디는 필수 능력', '초연결 시대 데이터 활용 능력', '지능 정보사회의 새로운 국가 경쟁력' 등이 이들 리터러시 개념의 중요한 슬로건이자 설명의 논리이다. 요컨대 첨단의 디지털 국면에 맞게 시민 개개인이 기술 감각을 몸에 익혀 도태하지 않고 시장 생존이 가능한 기술 경쟁력을 배양하자는 뜻으로 읽힌다. 초창기 리터러시의 탄생과 흡사하게 이 또한 21세기형 국가 계몽프로젝트와 비슷해져 간다.

시장에 쏟아지는 신기술과 정부의 과학기술 대중화 속에서 리터러시의 주류적 시각으로 보자면 꽤 성공적이다. 스마트 영상, 빅데이터, 초고속 통신, 플랫폼, 사물인터넷을 매개한 전자 소통의 급증은 우리 인간의 정보 활용 능력을 더욱 빠르게 확장하고 있다. 하지만, 아이러니하게도 우리 대부분은 끝없이 출시되는 신기술을 부지런히 활용해도 기술의 이해도가 떨어지는 상실감을 지속적으로 맞닥뜨린다.

【활동】

1. 새로운 디지털 리터러시를 이해, 혹은 적응하지 못해서 당혹스럽거나 두려움을 느껴본 경험이 있었는지 이야기해보자.

2. 우리는 언제부터인가 테크놀로지의 '구식'에 불편해하고 최신 기종과 첨단 사양을 지닌 사물에 열광하도록 길들어졌다. 게다가 쓸 만한 물건임에도 '최신'의 욕망을 주조하면서 강제로 폐기하기도 한다. 여기에는 광고가 우리에게 미치는 영향이 지대하다. 광고의 역기능과 순기능을 토론해 보자.

3. 과학기술의 발전으로 세상이 편리함을 넘어서 '풍요롭다'고 느껴본 경험이 있는지 생각해보고 자유롭게 이야기해보자.

4) 자연과 인간의 공존

인간을 포함한 모든 생명체는 살아남기 위해서 서로의 생존 조건을 맞추어서 도와 가며 살아간다. 그러나 이러한 공존의 지혜는 현재 인간사회에서 가장 부족한 덕목이기도 하다. 동물의 세계에는 약육강식과 적자생존의 살벌한 논리만 있는 것은 아니다. 그들의 세계를 살펴보면, 눈에 보이지 않은 작은 미생물에서부터 벌과 꽃, 벌레와 새, 곤충과 나무 등에 이르기까지 서로 공생하고 상생하면서 살아간다. 이러한 협력과 조화의 흐름은 가장 고등 생명체인 인간에게 더욱 필요한 것이다.

■ 다음의 글은 미생물학자가 미생물에 대한 지식을 바탕으로 상상력을 발휘하여 미생물 피고 '레지오넬라균'을 위한 변론이다.

【읽기 1】

미생물의 법정

잘 먹고 잘 살고 싶어한 죄밖에 없는데…미생물은 억울합니다

(중략)이야기는 1976년 여름으로 거슬러 올라간다. 미국재향군인회(American Legion)는 미국 건국 200주년을 기념해 수백 명의 노병을 초청하여 필라델피아에서 성대한 행사를 치르고 있었다. 필라델피아는 미국 독립이 선언되고 연방 헌법이 제정된 역사적 도시로 미 동부 펜실베이니아주의 최대 도시다. 그런데 갑자기 참전 용사들 가운데 221명이 폐렴 증세를 보였고, 안타깝게도 34명이나 사망하는 충격적인 사건이 발생했다. 주최 측은 말할 것도 없고 미국 전체가 발칵 뒤집혔다.

보건당국이 백방으로 노력했지만 당장 원인균을 찾아낼 수 없어 발을 동동 굴렀다. 반년 이상을 불철주야 매진한 끝에 마침내 문제의 병원균 색출에 성공했고, 이 범인을 '레지오넬라(Legionella)'라고 명명했다. 재향군인회를 뜻하는 영어 단어 '레지온(legion)'에서 유래한 이름이다. 그리고 자연스럽게 그 감염병은 '레지오넬라증(legionellosis)'으로 불리게 되었다. 정확히 말하면, 레지오넬라증은 일명 '재향군인병'으로 불리는 폐렴과 특별한 치료 없이도

호전되는 급성 질환인 '폰티악열(pontiac fever)', 이렇게 두 감염병을 함께 이르는 말이다.

대한민국에서는 2016년 이후로 레지오넬라균이 유명세를 치르기 시작했다. 열대야가 한창 기승을 부리던 그해 여름, 한 지역 숙박시설에서 레지오넬라증 환자가 발생했다. 시설 내 곳곳에서 허용 범위를 넘어서는 많은 레지오넬라균이 확인되었고, 해당 업소에는 사실상 폐쇄 조치가 내려졌다. 국내에서 레지오넬라균이 일으킨 첫 사고였다. 이를 언론이 연일 대서특필하면서 레지오넬라는 폐렴을 일으키는 흉악한 병원균으로 대중에 각인되었다.

그런데 도대체 왜 어디서 갑자기 레지오넬라균이 나타났을까? 사실, 그 자초지종을 객관적으로 살펴보면 레지오넬라균에게 전적으로 죄를 돌리는 게 맞는지 싶다. 다음은 미생물학 지식을 바탕으로 역지사지 상상해 본 레지오넬라균을 위한 변론이다.

"피고 레지오넬라 족속이 원래 사는 곳은 강과 호수, 지하수 같은 민물입니다. 이들은 인간이라는 존재가 이 세상에 생겨나기 훨씬 전부터 그곳에서 조용히 살아왔습니다. 그런데 어느 날 갑자기 인간이 중앙 냉방이라는 것을 시작하더니 이들을 낯선 곳으로 강제 이주시켰습니다.

1976년 노병들이 묵었던 호텔은 인근 강물을 끌어다 냉각수로 사용했습니다. 그때 거기에 살고 있던 레지오넬라들은 영문도 모른 채 강물과 함께 호텔 냉각탑으로 끌려갔습니다. 정든 고향과 생이별을 하게 된 그들은 호텔의 대형 냉각탑 안에서 살아보겠다고 발버둥을 쳤습니다. 그러다 일부는 우연히 물방울을 타고 냉각수에서 냉방 배관으로 옮겨져 노병들 호텔 방에 들어가게 되었습니다. 또다시 새로운 환경에서 어리바리해지고 있는데, 갑자기 또 어디론가 빨려 들어갔습니다. 정신을 차리고 보니 사방이 칠흑같이 어두웠지만, 따뜻하고 촉촉한 느낌이 아주 좋았고 먹을 것도 많았다고 합니다. 어두운 것만 빼고는 그야말로 낙원이어서 그동안 겪은 고생에 대한 보상이라 생각하고 실컷 먹고 놀았답니다. 한마디로 성장과 번식을 한껏 했다는 얘기입니다. 나중에 알고 보니, 들숨에 빨려들어 노병의 허파 속으로 들어온 거였습니다. 그날을 생각하면 지금도 억울해서 울컥한다고 토로합니다. 이어서 대장균의 참고 증언을 청취하겠습니다."

"우리 미생물 친척 가운데에는 인간에게 해를 끼치는 못된 '병원균'들이 더러 있습니다. 여기에 대해서는 미안하게 생각합니다. 하지만 이들 때문에 인간의 조력자라 할 수 있는 대다수 미생물까지 매도되는 것은 유감입니다. 특히 우리 의지와 무관하게 잘못된 장소로 옮겨져 병원균이라는 누명을 쓰는 것은 정말 억울합니다. 여기서 문제는 우리의 성장이 인간에게는 감염이라는 사실입니다. 아울러 병원성이 없거나 미약한 미생물인데, 면역이 떨어진 사람에게 감염병을 일으키는 일도 있습니다. 이른바 '기회감염'입니다. 따라서 아무리 선한 미생물이라도 잘못된 시간에 잘못된 곳에 있으면 모두 병원균 신세가 되고 마는 사정을 참작해주시기를 간곡히 부탁합니다."

"존경하는 재판장님! 모든 생명체는 저마다의 방식대로 생명을 이어 갑니다. 레지오넬라균은 자연에 있는 담수에서는 물론이고 대형 건물의 냉각수와 저수조 같은 인공 환경에서도 잘 삽니다. 따라서 인간은 해당 시설에 있는 물을 정기적으로 점검해서 이들이 인체로 강제 이주당하지 않도록 철저하게 조처해야 할 의무가 있습니다. 그리고 특정 감염병을 일으키는 병원균은 극히 일부이니, 이들만 보고 미생물 모두를 병원균으로 매도하지 말아야 합니다. 사람과 마찬가지로 미생물도 어떻게든 잘 살아 보려고 갖은 애를 씁니다. 미생물에게 '잘 살기'란 가능한 한 많이 먹고 빨리 자라서 종족 수를 최대한 늘리는 것입니다. 그래서 때와 장소를 가리지 않고 먹고 자라기에 몰두합니다. 이런 특성 탓에 의도치 않게 인간에게 불편을 끼치기도 합니다. 인간에게 생활 방식을 완전히 바꾸라고 요구하는 게 아니라, 사실을 직시하고 서로 피해를 주지 않도록 최소한의 원칙을 지키자는 겁니다. 호모 사피엔스(Homo sapiens), 곧 '지혜로운(sapiens) 사람(Homo)'이라는 공식 이름(학명)에 걸맞은 현명한 판단을 기대합니다."

번듯하게 동식물 축에 끼지 못하는 생물을 몽땅 미생물이라고 부른다. 동식물을 제외하면 남는 게 뭐가 있냐는 의문이 생길 수 있다. 당연하고도 좋은 질문이다. 엄밀히 말하면 남는 게 없는 게 아니라 남는 게 없어 보이는 것이다. 대부분은 너무 작아서 맨눈에는 보이지 않기 때문이다. 진짜 없는 것처럼 보인다. 이렇게 무시당하는 게 억울했는지 이들 가운데 일부가 요사이 부쩍 자신의 존재감을 드러내고 있다. 그것도 아주 고약한 모습으로 말이다. 2009년 조류인플루엔자(AI·avian influenza)로 인해 처음으로 대중에게 널리 알려진 '신종 감염병'은 2020년 코로나19가 전 세계를 강타하면서 일상적인 뉴스가 되어버렸다.

이런 지경이니 보통 사람들이 미생물을, 병을 일으켜 건강을 위협하고 음식을 썩게 해 생활에 불편을 주는 해롭고 더러운 생물로 여기는 건 당연하다. 안타깝게도 이건 하나만 알고 훨씬 더 큰 두 번째를 몰라서 생기는 걱정스러운 오해이다. 사실을 말하자면 질병을 일으키는 미생물은 훨씬 소수고, 대다수 미생물은 우리 인간은 물론이고 지구에 사는 모든 생물이 삶을 이어가는 데 핵심적인 역할을 하고 있다. 우리가 매일 엄청나게 배출하는 생활 쓰레기(음식물 찌꺼기, 분뇨, 생활하수 등)만 생각해봐도 미생물의 중요성을 쉽게 알 수 있다. 만약 미생물이 활동하지 않는다면 우리는 깨끗한 물을 더는 마실 수 없고 머지않아 우리가 버린 쓰레기 더미에 묻혀버리고 말 것이다. 이처럼 미생물은 우리가 절대로 간과해서는 안 되는 존재이다. 한없이 유용한 존재이기도 하지만 코로나19처럼 전 인류를 공포와 혼란으로 몰아넣을 만큼 위협적인 존재이기도 하기 때문이다.

앞서 상상해 본 미생물 전문 변호사는 보통 사람들이 하찮게 여기는 미생물의 참모습을 제대로 발견한 사람이다. 요컨대, 그는 무조건 미생물을 옹호하지 않고 이들을 올곧이 대변하고 있다. 사람들이 미생물에 대해 가진 편견과 오해를 해명하고, 미생물과 함께 잘 살아갈 수 있도록 말이다. 실제 미생물에 대해 알면 알수록 인간이 미생물과 어울려 살아가고 있음을, 그리고 앞으로도 그럴 수밖에 없음을 깨닫게 된다. 이제 인간도 지구 생태계를 이루는 일원일 뿐이라는 사실을 겸허히 받아들이고 인간중심주의를 극복하기 위해 노력하지 않으면 감염병 시대를 살아가기 어려울 것이다. 미생물의 법정에서 내리는 판결이다!

출처: 김응빈, 2022.12.22., 경향신문, "전문가의 세계-미생물의 '수다'".
https://www.khan.co.kr/environment/environment-general/article/(검색일: 2022. 12.22.)

【활동】

1. 미국재향군인회 행사에서 참전 용사 34명 사망한 사건의 범인으로 '레지오넬라'균이 밝혀지면서 흉악한 병원균으로 대중에 각인된다. 이 사건의 원인을 객관적으로 살펴보면 레지오넬라균의 죄라고 책임을 전가하기에는 어려워 보인다. 본문을 토대로 실질적인 원인에 대해 찾아보고 설명해보자.

2. '인간중심주의'를 생각해보고 토론해 보자.

3. 생명체가 자연계에서 살아남기 위해 반드시 상대를 꺾어야 하는 것은 아니다. 이질적인 상대와 연대하여 같이 살아가고 있는 동물과 식물의 공생을 조사해 보고 발표해보자.

■ 아래의 글은 김희준 과학자가 '우주와 생명에 대한 현대 과학적 이해'라는 광범위한 주제를 쉽고 재미있게 풀어쓴 글의 일부를 옮긴 것이다.

【읽기 2】

"우주적 드라마 3막 9장" 중 별의 살신성인

우주적 드라마에서 생명을 탄생시키기 위해서는 별의 내부에서 탄소가 생기는 단계가 필수적이다. "Twinkle, twinkle, little star, how I wonder what you are?"라는 동요 가사대로 다이아몬드처럼 반짝이는 작은 별은 수천 년 동안 인간의 상상력을 자극해 왔다. 1967년 노벨 물리학상 수상자 한스 베테가 밝힌 대로 태양과 같은 주계열성의 내부에서는 수소가 헬륨으로 융합되면서 에너지가 나온다. 별의 중심에 헬륨이 축적되면 주계열성 다음 단계인 적색 거성이 되면서 헬륨으로부터 드디어 생명의 핵심 원소인 탄소가 만들어진다. 다이아몬드가 순수한 탄소의 결정인 것을 생각하면 적색 거성의 중심에서는 후일 지구상 수많은 여인들의 손가락에서 반짝일 다이아몬드가 준비되고 있는 셈이다.

그런데 적색 거성의 중심에 탄소가 얼마나 많은지, 그러니까 다이아몬드로 치면 몇 캐럿인지가 별의 장래를 결정한다. 별의 진화에 대한 연구로 1983년 노벨 물리학상을 받은 수브라마니안 찬드라세카르에 따르면 중심 탄소 핵의 질량이 태양 질량의 1.4배를 넘는 적색 거성은 탄소부터 철까지의 원소들을 만들고는 초신성 폭발로 생을 마무리한다. 질량이 찬드라세카르 한계, 즉 태양 질량의 1.4배를 넘지 못하는 적색 거성은 초신성으로 발전하지 못하고 백색 왜성이라는 별 볼 일 없는 별로 남는다.

우주의 역사에는 세 가지의 커다란 폭발이 있었다. 첫 번째 폭발은 우주의 시작을 알리는 빅뱅, 즉 대폭발이다. '빵하고 터졌다.'라는 의미에서 '빅빵'이라고 옮겨도 좋겠다. 두 번째 폭발은 대폭발로 출발해서 팽창을 계속하던 냉혹한 우주에서 수억 년의 암흑을 해치고 하늘에 뇌성을 일으키는 최초 별의 탄생이다. 세 번째 중요한 폭발인 초신성 폭발은 수명을 다한 별의 자폭이다. 초신성 폭발은 얼마나 장엄하던지 하나의 초신성이 내는 빛은 10억 개의 별이 들어있는 은하 전체가 내는 빛과 맞먹는다.

이 세 가지 폭발은 모두 생명의 탄생에 필수불가결하다. 일단 첫 번째 폭발로 우주가 시작이 되어야 가벼운 원소인 수소가 생기고, 약 100억 년 후에 태양계가 생겨난다. 그 결과 태양의 주위를 도는 지구에서 진달래도 피고 김소월 시인도 태어나게 된 것이다. 두 번째 폭발로 별이 생기지 않았다면 진달래에도 시인의 몸에도 들어있는 탄소, 질소, 산소 등 생명의 필수 원소가 만들어질 수 없다.

세 번째 폭발이 중요한 것은 초신성 폭발을 통해 적색 거성에서 만들어진 생명의 필수 원소들이 우주 무대에 등장하기 때문이다. 플롯과 배우들의 연기력이 뛰어난 연극이라 하더라도 배우들이 무대에 나서지 않으면 관객에게 감동을 줄 수 없다. 생명이라는 우주적 드라마의 주역을 맡을 원소들이 별의 내부에 갇혀 있다면 생명은 이루어질 수 없는 꿈에 지나지 않는다. 다행히 초신성의 희생적인 죽음을 통해 별의 내부에 들어있던 원소들이 우주 공간으로 빠져나와 먼 훗날 우리 몸에 자리 잡게 된다. 별의 죽음이 생명을 잉태한 것이다.

초신성의 해체를 통해 우주 공간으로 탈출한 탄소, 질소, 산소 등 생명의 필수 원소들은 대폭발 때 만들어져 우주 공간을 채우고 있던 수소를 만나게 된다. 그리고는 태초부터 예정되어 있던 화학 결합의 원리에 따라 탄소는 메탄을, 질소는 암모니아를, 산소는 물을 만든다. 이처럼 메탄, 암모니아, 물 같은 간단한 화합물에도 세 차례 있었던 우주적 폭발의 비밀이 함축되어 있다. 약 40억 년 전 태초의 지구에서 메탄, 암모니아, 물은 수소와 함께 더욱 기능적인 화합물로의 변화를 거듭해 최초의 생명체를 만들어냈고, 생명의 진화는 결국 과학을 하는 호모 사이엔티피쿠스를 만들어냈다.

초신성 폭발이 없었다면 생명의 원소들은 아직 적색 거성의 내부에서 모란이 피기를 기다리고 있을 것이다. 죽음은 생명을 잉태한다. 살신성인은 우주적 원리인 셈이다.

출처: 김희준, 2009, 과학이 나를 부른다, "우주적 드라마 3막 9장 - 별의 살신성인", 276-278쪽.

【활동】

1. 우리나라에서 일반 대중을 위한 과학 분야의 출판이 꾸준히 증가하고 있다. 과학의 지식과 즐거움을 재미있고 효과적으로 전달한 한국 과학자의 글이나 책을 찾아 읽고 글쓰기의 특징을 분석해 보자.

2. 이공계열 학부생으로서 자신의 전공 배경을 중심으로 세상과 소통할 수 있는 구체적인 소재를 찾아보고 핵심어를 세 가지 정도 써보자. 그중 하나를 선택하여 한 편의 에세이를 작성해보자.

5) 21세기 파놉티콘

과학기술의 발달에 따른 감시와 통제 현상은 '파놉티콘'(Panopticon: '다 본다'는 의미)을 상기시킨다. 원래 파놉티콘이란 24시간 죄수들을 가장 효율적으로 감시할 수 있는 원형 감옥을 말한다. 실제로 지어진 적은 없지만 18세기 공리주의 철학자 제러미 벤담은 파놉티콘을 제안했다. 파놉티콘은 죄수들이 원형으로 지어진 감방에 수감 되어있고, 그 원형 건물의 가운데에 원형 감시탑이 있는데 창문은 안에서 밖을 내다볼 수 있으나 바깥에서는 원형 탑 안을 볼 수 없도록 만들어져 마치 검은 선글라스의 효과를 낼 수 있도록 고안되었다. 원형 감방에 있는 죄수는 원형 탑 속에 있는 간수가 늘 자기를 쳐다보고 있을지 모른다는 생각으로 스스로 자기 자신의 행위를 통제하게 되어 죄수에 대한 통제는 매우 효과적으로 진행된다.

과학기술이 어떻게 인간을 통제할 수 있는지를 잘 묘사한 소설 중 하나는 조지 오웰의 (1984, 2010)이다. 오웰은 제2차 세계대전 기간에 가공할 무기의 발명으로 수없이 사람들이 살상되는 모습을 보고 1948년 이후 36년이 지난 미래 사회, 즉 1984년이 되면(현시점의 우리에게는 거의 40년 전의 과거지만) 인간의 모든 의식과 행위를 철저히 통제하는 파시즘적인 독재정권이 다시 출현할 것으로 보았다. 개인의 자유가 전혀 허락되지 않는 전체주의 사회의 절대권력자 '빅 브라더'는 바로 고도로 발달한 과학기술을 통해 사람들의 일거수일투족을 낱낱이 감시하고 의식을 변형하며 조작함으로써 완벽한 전체주의를 이룩한다.

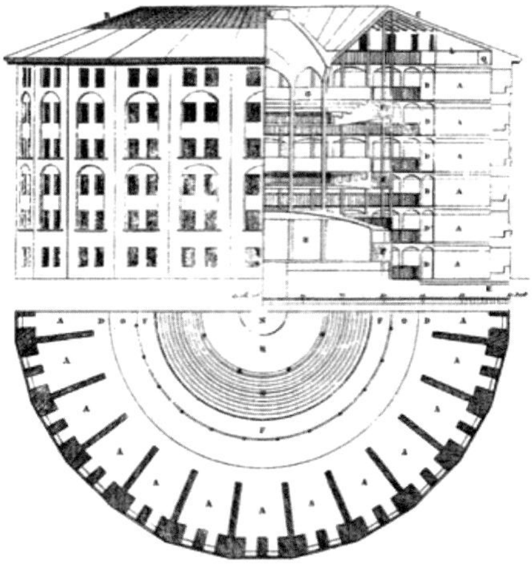

[그림] 파놉티콘 (출처 : 허핑턴 포스트)

이미 오래전부터 과학기술 사회의 어두운 측면을 예측해온 일군의 학자들은 작업장이나 일상생활의 현장에 이러한 빅 브라더의 원리가 작동하고 있다고 주장해 왔다. 또한 오늘날 정보기술의 발달에 따른 작업장 감시와 통제 사례는 빈번히 보고되고 있다. 컴퓨터 회로를 통해 모든 노동자의 실적이 바로 그때 그 자리에서 실시간으로 통제본부에 기록되고 보고되는 이른바 '정보취득시스템'이 설치되어, 노동자들이 잠시 일을 멈추고 화장실을 간다든가 자리를 비우게 되면 바로 작업 중 경보음이 울리면서 그 빈 시간이 기록된다. 노동자들은 온 힘을 다해 늘 100미터 경주를 해야 하는 듯한 긴박감과 긴장에 시달리게 된다. 발달 된 전자감시 체계로 인해 노동 강도가 더욱 세지고 자율성이 훼손되고 있는 것이다.

오늘날 파놉티콘의 감시 원리는 과학기술에 의해 더욱 은밀하고 광범위하게 이루어지고 있다. 고도로 발달한 정보 과학기술의 시대를 살아가는 우리는 '누군가 당신을 쳐다보고 있다'는 명제에 노출되어있는 것이다. 스마트폰 없이는 일상생활이 불가능해진 현대인, 우리의 손에 장착되다시피 한 모바일 기기는 끊임없이 데이터를 발산해 인공지능의 원료가 되고, 그럴수록 똑똑해진 알고리즘이 우리의 관심을 파고든다.

【활동】

1. 주변에 설치되어있는 폐쇄 회로 텔레비전(CCTV)의 순기능과 역기능을 토론해 보자.

2. 스마트폰, 유튜브, 컴퓨터 게임 등을 장시간 하면서 신체적, 정서적 변화를 겪어본 적이 있었다면 그 경험을 서로 이야기해보자.

3. 온라인에서 나의 성향과 취향을 파악하고 있는 알고리즘에 대하여 어떻게 생각하는가? 알고리즘에 의한 우리의 현실은 편리함만 있는가, 다른 문제는 없는지 곰곰이 생각해보고 한 단락 내외로 글을 써보자.

3. 과학기술 에세이 쓰기

지구의 종말을 알리는 경고, "이건 아니라고 봅니다. 사람들이 고통받고 죽어가고 있습니다. 생태계 전체가 무너져 내리고 있어요. 우리는 대멸종이 시작되는 지점에 있습니다. 그런데 여러분이 할 수 있는 이야기는 돈과 끝없는 경제 성장의 신화에 대한 것뿐입니다. 도대체 어떻게 그럴 수 있습니까?" 2019년 9월 23일 유엔 기후 행동 정상회의(UN Climate SUMMIT)에서 스웨덴 소녀 그레타 툰버리의 연설 내용 중 일부분이다. 16세 소녀의 다소 격앙된 연설은 자연 위에 올라서려 하고 물신 가치에 포획된 어른들의 자본주의 욕망을 꾸짖고 있다. 어른 세대 모두를 부끄럽게 만드는 무겁고 뼈아픈 연설이다. 그녀와 함께 청소년들은 시위를 동참하고, 세계 시민들은 기후 위기 비상 행동 선언과 기후 변화 행동을 하고 있다.

동시대의 기후 행동은 이들 미래세대가 직접 지구 생태 위기를 초래한 기성세대의 무능과 무책임에 대해 저항을 선언하는 글로벌 생태 정치의 새로운 흐름이다. 안타깝게도 책임이 있는 각국 정상과 정치인, 기업은 차갑게 이 사태를 외면하고 있다. 미국은 물론이고 우리나라도 온실가스 감축에 대한 현실 대책은 아직 미온적이고 근본적 해결책 없이 표류 중이다.

인간이 쌓아 올린 자본주의 물질문명의 부산물이 지구 생명에 말기 판정을 내린 학명, 소위 '인류세(Anthropocene)' 시대를 우리는 살고 있다. 인류세란 인류(anthropos)와 시대(cene)를 의미하는 합성어로서, 인간이 지구의 지배종이 되면서 빚어진 지층에 퇴적된 문명의 쓰레기더미의 지질학적 시대를 이르는 말이다. 가령 흙이나 유기물과 뒤섞인 플라스틱 찌꺼기, 콘크리트 잔해, 혼합 시멘트, 핵물질, 살충제, 금속 성분, 비료 반응성 질소, 온실가스 농축 효과의 부산물 등이 바로 인류세 퇴적층을 이루고 있는 것이다.

동시대 지구 지질층을 일컫는 원래 학명인 '홀로세(Holocene)'를 이 용어가 대체할 정도로, 인류세라는 말은 파국으로 치닫는 지구 절멸의 위기 상황을 일깨운다. 대륙 곳곳이 사막화로 물이 메말라가고, 수많은 생명 종이 끝없이 사라져가고, 갈 곳 잃은 쓰레기들은 쌓여간다. 핵폐기물과 오염수는 방치되어 생태계에 상상하기 어려운 위험을 노출하고, 바다 생명은 플라스틱에 질식하고, 인간 자신의 섭생은 스스로 만든 각종 오염 화학물질로 위협받고 있다. 지구 절멸 상황은 이 땅에 사는 인간을 포함해 모든 생명체의 화급한 문제가 되었다.

인간에 의한 환경오염의 과포화 상태에 지구는 더는 견뎌내지 못하고 반응하고 있다.

코로나19바이러스, '인수공통감염병'은 최근 인류에 깊은 상흔을 남겼다.

【활동】

인류세가 무엇인지 아래의 영상을 참조하여 더 자세하게 알아보자.

1. EBS 다큐프라임 〈인류세〉
   인류세 1부 닭들의 행성
   인류세 2부 플라스틱 화석
   인류세 3부 안드레의 바다

2. KBS 환경스페셜 다큐 〈옷을 위한 지구는 없다〉

■ 우리는 모두 지구에 온 방문객들로서 '지구 위기의 해법'을 찾아내는 일은 대단히 중대한 의미를 지닌다. 〈인류세〉, 〈옷을 위한 지구는 없다〉 다큐멘터리 시청 후 아래의 과정을 수행하고 이를 토대로 에세이를 써보자.

【활동】

1. 다큐멘터리 〈인류세〉와 〈옷을 위한 지구는 없다〉 영상에서 가장 기억에 남는 부분을 정리해보자.

2. 위의 영상에서 비판적 의식을 갖게 되는 부분이 어떤 것이었는지, 이를 토대로 어떤 생각 혹은 관점이 떠올랐는지 작성해보자.

3. 현재와 미래의 지구를 보전하기 위해서 일상생활에서 우리가 실천할 수 있는 것을 구체적으로 말해보자.

■ 과학기술 에세이를 잘 쓰기 위한 점검 사항

- 주어진 자료를 정확하게 읽고 중심 의도를 파악한다.
- 자료의 주장과 자신의 생각을 정리한다.
- 자신의 관점을 뒷받침하는 자료를 모은다.
- 자기 관점을 체계화하여, 설명하거나 논증하는 방식으로 명료하게 기술한다.
- 완성된 글을 전체적인 내용과 흐름(개요·주제 전개·단락 구성), 부분적인 세부 사항(올바른 문장·바른 철자)으로 나누어 검토한다.

06

과학기술 비평

1. 과학기술과 예술

과학기술과 예술은 인류 문명과 상보적인 관계로 엮여 함께 발전해 왔다. '기술'의 어원인 '테크네'(techne)는 순수하게 이론적인 '관조'(theoria)와는 달리 '실천'을 포함한다. 말하자면 머리가 아니라 온몸으로 깨달아 익히는 것이다. 과학기술과 예술은 이론만으로 배울 수 없는 것이며, 경험적이고 신체적이다. 테크네는 예술과 기술을 포괄하는 실천적 인식으로 이 둘은 상통한다.

합리적이고 보편적인 세계관을 추구하는 과학의 이론이 출현하는 데에는 사물을 묘사하고 기록할 수 있는 문자의 발명이 커다란 역할을 했다. 이 문자의 발명은 예술적인 관점에서 본다면 일종의 그래픽 예술의 역사로도 파악할 수 있다. 실제로 고대 중국의 한자나 아랍 문자는 단순히 정보를 전달하는 수단으로써 뿐만이 아니라 예술의 대상으로도 발전했다. 수와 대칭성의 발견은 수학의 기원과 밀접한 관련이 있지만, 대칭 문양의 발전과도 연결된다. 또한 도자기, 금은 세공품, 유리 제조의 발전에서 보듯이 예술은 기술과 밀접한 관련을 맺으면서 발전했다.

이렇듯 기술과 예술은 서로 발전 과정을 공유하고 있으며, 새로움을 만들어 내는 창조 과정을 통해 성장했다. 이것들은 모두 인류 문명의 중요한 작업이었고, 새로운 양식을 창안하기 위해서 장인적 노력을 수반한다는 측면에서 공통점을 가지고 있다. 예술 분야에서 창의성이 중요한 요소가 되듯이 과학의 발견도 자연에 대한 새로운 해석을 내어놓는 창조의 과정이었다.

우주를 탐험하고 자연을 조사하고 인간을 연구하는 과학자는 예술가와 비슷한 작업을 한다. 과학자는 기존 지식을 시험하고자 하는 욕구, 미지의 영역을 탐험하는 전율, 새로운 질서를 발견하려는 희망을 예술가와 공유한다. 오늘도 과학자와 예술가들은 탐구하며 도전하며 미래 세계의 전망을 제시하는 새로운 언어를 개척하고 있다.

■ 많은 사람들은 과학기술과 미술이 각기 독자적인 영역을 가지고 있다고 여긴다. 그러나 이 둘은 서로 밀접한 관계를 유지해 왔고 사실 그 경계를 명확히 구분하기도 쉽지 않다. 특히 현대에 이르면 그 경계가 무의미할 정도로 과학기술과 미술이 유기적으로 뒤섞여 있다.

【읽기 1】

과학기술과 미술의 관계

미술과 과학의 관계에 대해 대체로 미술가보다는 과학자들이 더 큰 관심을 가져왔다. 텔러(E. Teller)는 "과학은 진리란 무엇인가를 생각하고 헤아려 거의 상상할 수 없는 아이디어들로부터 체계화를 시작한다. 과학의 임무는 이러한 아이디어들을 이해하고 그것들을 우주의 광범위하고 논리적인 그림에 맞추어 보는 것이다. (중략) 예술은 아름다움이란 무엇인가를 언어, 음악, 건축을 통해 형상으로 전개하는 것"이라고 양자를 구분한다. 그는 미술과 과학기술 두 분야에서의 성공적인 활동들은 상당히 분기되었고, 상호 무관하게, 또는 가능한 갈등들을 화해시키지 않고 추구될 수 있다고 본다. 각 분야의 영향은 독립적이어야 하며, 이러한 모순들과 함께 살아가는 것을 배울 때 세계와 인간을 더 깊고 효과적으로 이해할 수 있다고 강조한다.

이러한 생각에는 미술은 주관적이고 과학기술은 객관적이라는 통념이 반영되어 있다. 미술은 개인적인 상상력의 산물로서 개인에 따라 다양하고 가변적인 것이며, 반면에 과학은 증명과 실험을 거친 공적 진리로써 가치중립적인 것이라는 것이다. 그러나 20세기 후반에 일어난 과학본질 자체에 대한 반성과 검증은 전통적 과학관의 근본적 수정을 초래했다. 상대성 이론과 양자역학은 과학이 곧 진리는 아니며 과학적 실증이란 반증되지 않았음을 의미할 뿐이며 우리가 파악할 수 없는 미지의 세계는 불확실하며 확률적으로 접근할 수밖에 없다는 것이다.

이러한 변화와 함께 현대 과학기술의 본질적 변화, 즉 순수과학과 응용과학의 융합인 혼성과학으로의 변화는 현대미술에서도 마찬가지이다. 현대미술과 현대과학기술은 통념에 근거하는 이전의 과학기술과 미술과 다르다. 현대미술과 과학기술은 이미 여러 면에서 긍정적, 부정적인 변화들을 나누는 과정에서 서로의 거리를 좁혀가고 있다. 미술가들은 더 이상 영감, 직관, 감정에만 의지하지 않는다. 과학자들도 이론과 이성만으로 연구를 수행하지 않는다. 과학도 비이성적인 것을 배제하지 않는다. 미술과 과학기술은 도구와 표현체계는 다르지만, 자연의 실재를 바르게 재현하고, 설명하려는 목적으로 지성과 감성, 추론과 직관 등을 통해 각각의 매체에 적합한 세계관을 만드는 유사한 활동이다.

그러나 쿤(T. Kuhn)은 양자가 비슷한 것으로는 상호 영향을 증명할 수 없다고 지적한다. 그는 미술과 과학의 차이를 두 가지 관점에서 비교한다. 첫째, 목적에서의 차이이다. 미술은 미학 자체가 목적이지만 과학에서 미학은 수단에 불과하기 때문에 수단과 목적은 비교 대상이 될 수 없다고 주장한다. 미술가에게 아름다움이 목적이지만 과학에서는 문제해결이 목적이다. 둘째, 관객의 유무 문제이다. 과학은 관객이 없다. 그러나 미술은 취향의 차이가 있지만 관객이 있다. 또 미술의 관객은 과거의 걸작과 현대의 작품들을 모순없이 수용한다. 반면에 과학에서는 새로운 이론은 과거의 이론을 신속하게 대치한다. 따라서 미술은 과거를 보존하는 미술관이 있지만,

과학은 없다. 미술가들은 과거의 거장들의 작품을 통해 배우지만 과학에서는 과학사가들만이 옛날 과학자들을 연구한다.

루트 번스타인(Robert S. Root-Bernstein)의 반론은 다음과 같이 정리된다. 그는 미술과 과학은 둘 다 인간과 우주에 대한 탐구와 문제해결의 과정이라고 지적한다. 과학자의 목적이 자료를 기록하는 것이 아니듯이 미술가의 목적도 풍경을 기록하는 것이 아니다. 미술가와 과학자가 하는 일을 검토해 보면 양자의 차이는 미미하다. 과학만이 진보하며 진리나 지식에 대해 주장할 수 있다는 과학자들의 입장은 과학의 쇼비니즘이다. 과학의 패러다임은 진위의 문제이며 신구 패러다임의 교체가 혁명적이지만, 미술의 패러다임은 개개의 작품들이며 옳고 그름이 평가의 척도가 아니기 때문에 현재와 과거가 공존한다는 쿤의 주장에 대해서 사실 과학에서도 같은 현상이 일어난다고 지적한다. 과학과 미술은 모두 누적적이고, 이들의 패러다임은 저작이나 작품이 아닌 대를 물리며 전승되는 테크닉에 있으며, 미술에서도 과학처럼 문제가 해결되고 기준이 되는 패러다임이 제기될 수 있어서 미술도 과학처럼 일종의 지식이 될 수 있다고 강조한다. 과학자나 미술가나 제 각기 자신의 시각과 방법으로 진리를 추구한다는 점에서 과학이 미술보다 더 객관적이라고 할 수 없다는 것이다.

굿맨(N. Goodman)은 미술과 과학이 모두 세계를 이해하는 방식으로써의 인식행위이며, 서로가 사용하는 기호체계의 차이밖에 없다고 주장했다. 미학적 태도는 동적인 것으로 세계를 작품의 관점으로 작품을 세계의 관점으로 재구성하는 것을 포함하는 창조와 재창조에 속하는 행위라고 규정한다. 과학은 지식이나 앎에 관계되는 인식행위이고 미술은 느낌이 관여하는 정서적 활동이라는 이분법을 비판한다. 인식적인 것과 감정적인 것을 엄격히 구분함으로써 미학적 경험에서 감정은 인식적으로 작용한다는 사실을 망각하는데, 양자는 서로 상호 관련되고 얽혀있다. 엄격히 구분된다 해도 양자는 상호 보완적인 것이다. 미술과 과학은 느낌과 사실, 직관과 추론, 감각과 사고, 종합과 분석, 미와 진리 등이 이분법적으로 작용하는 것이 아니다. 그는 과학과 미술을 양극에 놓는 과학주의와 휴머니즘에 반대한다. 그리고 과학은 진리를, 미술은 아름다움을 추구한다는 생각은 잘못된 것이라 주장한다. 과학만이 지식을 개선해 가는 방법이 아니고 미술 역시 세계에 대한 새로운 비전과 새로운 구성을 위해 낡은 범주를 쇄신하는 작업을 한다는 것이다.

출처: 김국현, 2009, 과학기술과 윤리,153-156쪽에서 발췌 윤문.

【활동】

위의 글은 과학기술과 미술의 관계에 대해 여러 학자가 주장하고 있는 글이다. 정확한 읽기를 통해 글의 중심 의도를 파악하고, 제시된 특정한 생각 혹은 주장과 근거를 식별하여, 글이 담고 있는 핵심적인 관점에 대해 체계적으로 설명해보자.

2. 과학 서평

1) 'SF' 장르

'SF'는 과학소설(Science Fiction)이라는 명칭과 함께 과학적 상상력으로 만들어진 서사와 이미지의 모든 '문화적인 장르'를 포괄하는 약칭이다. 우리에게 'SF'라는 용어는 과학소설, 과학영화, 과학문화 등 한국어 용어보다 훨씬 친숙하고 일반화된 표현으로 사용하고 있다. SF문화 장르는 1990년대 포스트모더니즘의 부상 이후 학문과 비평의 영역 안으로 들어왔다. 이는 포스트모더니즘이 정전(Canon)의 권위에 의문을 제기하면서 하류 문화의 가치와 중요성에 주목했기 때문이었다.

SF를 "인식적 낯설게 하기의 문학"(Suvin 2016, viii)으로 정의한 다코 수빈은 SF를 '인식'(cognition)의 측면과 '낯섦'(estrangement)의 측면을 축으로 하여 각 문화 양식의 차이를 비교하였다. '인식'이란 그 문학이 현재의 상태에 얼마나 부합하는가, 그리고 그 상상력이 얼마나 정직하게 현실을 반영하고 있는가에 대한 원칙이며, '낯섦'이란 또 다른 가상의 세계에 대한 상상력에 추진력을 주는 '차이의 원칙'(xviii)으로 현실과 동떨어진 정도의 차이를 의미한다.

사실성을 중요하게 여기는 리얼리즘 소설의 경우는 현실적인 인식은 매우 높지만 낯섦의 측면은 낮다. 판타지는 리얼리즘 소설과는 정반대로 낯섦의 정도는 강하나 인식의 정도는 약하다. 현실적 논리나 한계를 벗어나는 상상력을 펼치고 있기 때문이다. 과학소설은 '인식의 측면과 낯섦의 측면을 모두 높게 가진다'는 점에서 다른 장르와 구별된다. 즉 과학소설은 존재하지 않은 대상을 그린다는 점에서 낯섦의 측면이 강하게 나타나면서, 그런 상상의 세계가 실제로 존재함 직하다는 환상을 만들어내기 위해 '과학이라는 현실적인 논리'를 이용한다는 점에서 인식적인 측면도 높은 것이다.

SF라는 용어를 접할 때 연상하는 보편적 모티프들이 있다면 미지의 세계의 외계인이나 우주 전쟁, 행성 간 여행 및 로봇과 같은 새롭게 창조된 존재들, 인공지능으로 인한 테크노필리아(technophilia), 테크노포비아(thechnophobia)와 같은 이미지들을 떠올릴 수 있다. 보통 이런 이야기들은 우리가 과학과 기술 및 그로부터 파생되는 것들을 바라보는 태도와 맞물려 앞으로 도래할 테크노크라시(technocracy) 세상에 대한 기대감과 두려움을 드러낸다. 이처럼 SF가 과학과 맺는 관계는 경외심부터 비판에 이르기까지 다양한 방향성을 내포하고 있다. SF가 과학에 관한 단순한 상상력에 한정하지 않고 새로운 문명과 문화에 대한 인식을 넓히고 있다고 할 수 있다.

【활동】

지식의 추구라는 근원적 의미의 '스키엔티아'(scientia)가 오늘날의 명칭으로 '과학'과 '과학자'라는 현재의 뜻을 가지게 된 것은 19세기이다. 『옥스퍼드 영어 대사전』에 따르면 영어의 'scientist'라는 단어가 처음으로 사용된 것은 1834년이다. 과학을 소재로 하는 책을 한 권 선정하여 읽고 이를 둘러싼 쟁점들을 통시적, 공시적으로 분석하고 토론해 보자.

2) 서평이란

책을 읽고 난 후에 이에 대해 비평하는 글이 '서평'이다. 따라서 서평을 잘 쓰기 위해서는 우선 책을 꼼꼼하게 읽어야 한다. 중심 내용을 놓치지 않으면서 부분적인 의미들도 파악하며 읽어야 하는데, 이 과정에서 책의 전체적인 구성과 핵심적인 내용, 저자의 견해 등을 추출해 낼 수 있다. 책에서 문제 삼고 있는 주제가 무엇인지, 저자의 입장이나 사상, 이론적 배경은 어떠한지, 역사적, 사회적 배경은 무엇인지 등도 파악해야 한다. 아울러 저자의 견해가 갖는 독자성, 성과와 한계 등도 평가해 주어야 한다.

좋은 서평을 쓰기 위해서 다음의 사항들을 유의하자. 먼저, 책의 내용과 자신의 의견을 명확하게 구분해서 써야 한다. 서평은 책의 내용 분석과 평가자의 평가가 어우러진 글이기 때문에 이 두 가지를 잘 구분해서 전개해야 한다. 책에 무조건 종속되거나 비난하지 말고 설득력 있는 의견을 제시하는 주체적인 시각과 태도를 지녀야 한다. 따라서 서평을 쓸 때 참고로 하게 되는 해설이나 자료들을 참고하되 자신의 생각과 견해를 충분히 드러내야 한다.

다음으로, 책의 내용을 단편적으로 나열하거나 요약해서는 안 된다. 책의 내용 중에서 중요하게 여겨졌거나 인상적이었던 구절들을 언급하면서 저자의 논리를 파악해 가는 방식으로 서술해야 한다. 서평을 쓸 때도 책을 읽고 난 뒤의 느낌이나 주관적인 견해 등도 적절히 서술하는 것이 필요하지만 지나치게 주관적인 감정이 드러나는 문장을 삼가야 하며, 어떤 한 부분만을 확대해석하거나 왜곡해서는 안 된다. 주의할 사항은, 서평이 책을 대상으로 한다는 면에서 독후감과 비슷하지만, 그에 비해 객관적 가치 평가와 사회·문화적인 맥락에서의 공론화가 더 깊이 있게 고려되어야 한다.

마지막으로 글 전체를 논리적으로 구성해야 한다. 서평은 자신의 견해를 논리적으로 전개해서 읽는 사람의 공감을 불러일으키거나 자신의 평가에 동의하게 하는 글이다. 그러므로 명료하고도 안정된 논리를 통한 설득이 필요하다. 따라서 자신이 중요하다고 생각한 부분을 정리해서 개요를 만든 후 중요한 것과 부차적인 것의 위치를 결정하면서 글의 구성을 확정할 수 있다. 작품의 이해를 돕기 위해 내용에 대한 소개와 요약을 할 경우에도 단순히 사건이나 줄거리를 나열하는 것 보다는 작품의 주제와 관련하여 핵심적인 내용을 소개하거나 자신의 논점에 맞춰 서술해야 한다.

■ 서평에 일반적으로 들어가는 사항을 요약해보면 아래의 내용이다. 이를 적절히 배치하여, '들어가기-본문-마무리'의 단계로 글을 구성해 보자.

- 책이 나오게 된 배경 설명
- 글쓴이의 문제의식 요약
- 책의 구성과 내용 분석 소개
- 비슷한 분야의 다른 책들과 비교
- 책에서 다룬 분야에 대한 전망
- 글쓴이에 대한 기본적인 소개
- 책을 평가하는 기준 제시
- 글쓴이의 관점을 파악하고 평가
- 인상적이었던 부분 환기
- 책의 의의와 한계

■ 감상문과 비평문

감상은 비평의 일부이기는 하지만 두 활동은 차이가 있다. 감상문은 대상에 대한 인상을 표현하는 데 초점을 둔 글이며 비평문은 비판적 읽기에 초점을 둔 글이라고 할 수 있다. 감상문은 대상 텍스트에 대한 직관적인 느낌이나 인상적인 부분에 대한 생각을 개진하는 것으로 충분하지만 비평문은 그 대상의 의미를 해석하고 가치를 평가하며, 그 판단의 객관적인 근거와 타당한 기준을 함께 제시해야 한다. 따라서 감상문은 감상의 경험을 설명적이고 묘사적으로 표현하는 데 중점을 두지만, 비평문은 작품 해석과 평가에 관련된 자신의 견해를 논리적으로 개진해야 한다. 이를 위해 비평의 맥락을 상세히 제시하고 작품을 면밀하게 분석하는 데 중점을 두어야 한다.

【읽기 2】

주인을 잃은 곤충의 행성, 지구: 인류세 몰락의 시작

올리버 밀먼, 황선영 옮김, 인섹타겟돈: 곤충이 사라진 세계, 지구의 미래는 어디로 향할까

"세상을 돌아가게 하는 작은 생물에 대해 사람들은 이런 말을 합니다. '오늘 오후에는 밖에 벌레가 많네요. 밖에 나가지 말아야겠어요.' 하지만 세상을 돌아가게 하는 것은 곤충이고, 인간에게는 곤충이 필요합니다." - 140쪽

"인섹타겟돈"(Insectageddon)은 곤충을 뜻하는 인섹트(Insect)와 인류 종말을 뜻하는 아마겟돈(Armageddon)의 합성어로, 곤충 멸종 사태를 과학자들이 부르는 말이다. 올리버 밀먼은 이 책에서 곤충이 사라지고 난 이후의 지구 모습을 생생하게 묘사하고 있다. 이해를 돕기 위해 하나의 예를 들자면, 당신은 스마트폰이 없어진 세상을 상상할 수 있는가? 인간과 사물과 전 세계를 연결해 주던 작은 장비가 없어지고 이를 대체할 무엇인가가 나타나지 않는다면, 아마도 인간사회에는 대혼란이 발생할 것이다.

만일 지구라는 행성에서 곤충이 사라진다면 어떨까? 스마트폰이 없어지는 정도와는 비견될 수 없는 더 심각한 결과를 초래할 것이다. 곤충은 식물을 비롯한 수많은 생물과 직·간접적으로 관계를 맺고 있기 때문이다. 특히 식물과 곤충의 관계에서 화분(꽃가루)의 매개는 연구 주제로 많이 다뤄져 왔다. 식물과 화분 매개 곤충의 관계는 꽃이 화려한 속씨식물(현화식물)이 본격적으로 출현한 백악기 말기 무렵부터 이어지고 있으며, 오랜 시간 상호의존적인 관계를 발전시켜온 공진화의 산물이다. 흔히 식물을 먹는 곤충을 해충이라 부르지만, 식물을 먹는 곤충이 식물을 공격하는 걸로 끝난 것이 아니다. 이에 대항하여 식물은 자신을 보호하기 위한 다양한 방어 기술을 발전시켰고 곤충은 이를 극복하여 왔다. 이런 관계가 수 천만년에 걸쳐 이어져 왔으며 곤충의 다양성을 폭발적으로 증가시킨 원인 중 하나이다.

곤충은 전 지구에 서식하는 것으로 알려진 생물 종의 3/4인 100만 종(아마도 그 이상)이 기록된 가장 다양성이 높은 분류군이다. 그런데 이렇게 다양한 곤충이 사라진다면? 올리버 밀먼이 묘사한 곤충이 사라진 세계는 암울함을 떠나 섬뜩하기까지 하다. 이 책은 곤충에 의존하는 많은 식물이 종 보전에 위협을 받고 있음을, 그리고 식물을 이용하는 무수히 많은 동물 역시 연쇄적으로 위협을 받고 있고 멸종이라는 단계로 향해 가고 있음을 여러 사례를 통해 보여주고 있다. 그리고 많은 생물의 멸종 또는 멸종 위협의 원인은 인간에 의한 서식지 파괴, 살충제(농약) 사용, 침입종, 기후변화가 대표적으로 거론되고 있다.

첫 번째로 언급된 서식지 파괴의 경우, 급격한 도시화와 산업화에 따른 자연 서식지의 감소,

파편화 등은 생물다양성 감소 현상의 주범이다. UN은 2017년 기준 도시에 사는 인간은 지구 인구의 55%를 상회하며, 2050년대에는 지구 전체 인구의 70%가 도시에 살 것으로 예측하였다. 인구는 계속 증가하고 있으므로 도시에 대한 수요도 증가할 것이고 자연생태계의 훼손 역시 필연적일 것이다. 두 번째로 언급된 농약은 어떤가? 농약과 비료의 사용은 인구의 증가를 뒷받침한 기술 중 하나로 농업생산량의 안정과 증대에 기여하였다. 그러나 과도한 농약의 사용은 결국 대상 해충의 농약 저항성 발달에 기여한 반면, 벌류와 나비류를 비롯한 많은 곤충의 감소를 유발하고 있다. 세 번째로 거론된 침입종은 교통수단의 발달에 따른 글로벌화로 무역량의 증가와 인간의 이동이 활발해진 것에 기인한다. 종의 침입 그 자체는 매우 자연적이지만, 과거에 비해 그 빈도와 양이 절대적으로 증가한 현재 상황은 자연생태계에 큰 위협이 되고 있다. 마지막으로 전 세계 인류가 당면한 과제인 기후변화는 가속도가 붙은 것처럼 보일 정도다. 국내 기준으로 연평균 기온이 가장 높았던 해의 상위 10위권에는 2015~2016년, 2019~2022년이 포함되어 있다. 즉 최근 10년 이내의 기록이 6회나 차지한다. 기온의 상승은 곤충의 분포나 발육 속도의 변화, 곤충과 식물 관계의 비 동시성 증가 등 많은 문제를 유발할 가능성을 높이고 이 영향은 고스란히 인간에게 전해질 것이다.

어릴 적 나는 자연이 지금처럼 훼손되지 않았던 시절에 곤충을 많이 접하였고 그 신비로움에 매료되어 곤충학자가 되고 싶었다. 그러나 그토록 원하던 박사학위를 받고 주변을 돌아보니 많은 곤충이 위협에 처해 있음을 실감한다. 곤충의 보전을 위해 연구해 왔던 나에게 있어 이 책이 주는 메시지는 분명하다. '곤충을 보호해야 인간이 살 수 있다.'

출처: 정종국, "주인을 잃은 곤충의 행성, 지구: 인류세 몰락의 시작", 서평 632호, 국회도서관, 2023. 06. 14. https://docviewer.nanet.go.kr/reader/viewer(검색일: 2023. 7. 23.).

■ 미국에서 환경 전문 기자이자 환경운동가로 활동하고 있는 올리버 밀먼의 《인섹타겟돈: 곤충이 사라진 세계, 지구의 미래는 어디로 향할까》에 대한 서평이다. 서평의 대상이 된 책을 고려하여 읽은 후 서평문의 특징이 드러난 부분을 찾아보고 이야기해보자.

【활동】

오늘날 우리는 인쇄 매체를 제치고 인터넷과 영상매체가 삶을 지배하는 시대에 살고 있다. 인류의 역사가 구술문화와 문자문화의 시대를 거쳐 영상문화의 시대로 접어들었다. 이러한 매체의 변화 속에서 문자, 책, 독서는 여러분에게 어떤 의미인지 토의해 보고 이에 대한 자신의 생각을 한 단락으로 써보자.

3) 서평 쓰기

서평 쓰기의 시작은 '어떤 책을 대상으로 할 것인가'부터 심사숙고해야 한다. 어떤 책을 비평의 대상으로 선택한다는 것은 이미 그 책이 가치가 있음을 전제하는 것이기 때문이다. 따라서 서평의 대상으로는 지명도가 있어 사회적으로 널리 회자 되는 책이거나, 널리 알려지지 않았지만 읽어볼 만한 가치가 있는 책을 선정하는 것이 좋다.

독서는 단지 지식을 얻기 위한 것만이 아니라 문체, 구성, 표현력을 배울 수 있는 과정이다. 글의 구성 요소를 의식하고 읽든, 그렇지 않든 우리는 다른 사람의 책을 읽으면서 우리가 알지 못했던 것을 배운다. 어떤 내용을 표현하는 방식, 어투, 예시와 인용을 가져오는 방법, 서두와 결말을 맺는 방법 등을 눈에 익히고 모방하게 된다.

독서의 진정한 목적은 자신의 삶에 대한 주체적인 자각과 통찰에 있다. 서평은 책에 대한 가치 판단 수준에서 머무는 것이 아니라 독서와 글쓰기를 통한 자기 삶의 양식을 새롭게 계발하고 창안해내는 의미도 지니고 있다. 따라서 서평은 책을 통해 자신을 성찰할 수 있는 과정이다. 많이 읽은 사람이 글을 잘 쓰는 이유는 책을 읽을 때 '독서의 내면화 과정'을 경험하기 때문이다. 읽는 것과 쓰는 것은 결코 분리될 수 없는 행위이다.

알고리즘이 추천한 취향에 맞는 콘텐츠를 이어보는 안락한 시간에서 잠시 벗어나 현실의 문제를 차분히 진단하고 변화를 모색하는 통찰의 시간을 가져보는 건 어떨까. 눈으로 확인할 수 없고 손에 쥐어지는 것이 없는 무형의 정신 활동인 책 읽기를 하면서 꺾이지 않는 마음으로 나를 지탱시키고 활짝 열린 자유를 만끽해보자.

【활동】

1. 지금까지 읽었던 과학 관련 책 중 정서적 감동 혹은 정신적 충격을 주었던 경우가 있었다면 그 경험을 이야기해보자.

2. '나는 책 읽기를 좋아한다', '나는 책 읽기가 싫다' 여러분은 전자인지 후자인지 생각해보고 그 이유를 솔직하게 말해보자.

3. 책은 점점 더 적게 읽으면서 문해력에 대한 관심은 그 어느 때보다 높은 모순적인 시대이다. 그 이유가 무엇이라고 생각하는지 토의해 보자.

■ 자신이 읽은 '과학' 혹은 '과학자'가 중심 소재인 책 중에서 다른 사람들에게 추천하고 싶은 책 한 권을 선택해서 다음 활동을 수행해 보자. 그리고 이를 참조하여 서평문을 써보자.

【활동】

1. 책 제목과 추천이유를 설명해보자.
2. 감성적인 울림과 이성적인 비판의식을 갖게 한 점을 정리해보자.
3. 작품의 주제가 무엇이라고 생각하는지를 파악하고 이에 대한 근거를 한 단락으로 써보자.
4. 작품에서 중요하다고 판단되는 부분을 발췌해 보자.
5. 작가의 다른 작품을 찾아보고 사람들의 견해를 찾아 정리해보자.
6. 비슷한 분야의 다른 책들과 비교해보자.

3. 과학 영화 비평

1) 영화 비평이란

20세기 초, 영화의 '발견자'들이 '가장 혁명적 예술'이라고 환호하며 흥분을 채 가라앉히기도 전에 눈부신 발전을 거듭해 온 영화는 독립된 예술로 좁은 개념에서 벗어나 넓은 의미에서 사회적 커뮤니케이션의 장으로 역할을 하고 있다. 100년의 짧은 역사에도 불구하고 사람들을 매료시켜온 영화가 현대 문화의 주역이라고 해도 과언은 아닐 것이다.

냉전 시대에 비판적 작품 활동을 한 엘리아 카잔 감독은 영화를 기본적으로 매우 중요한 언어로 생각했고 영화가 좋은 사회를 만들 수 있다는 신념을 내비쳤다. '좋은 예술은 사람들을 좋은 방향으로 변화시키고 좋은 사회를 만드는 힘이 된다. 예술 가운데서도 영화는 현대에 들어 가장 중요한 언어가 되었다. 좋은 영화는 그럴 수 있고. 그래야 한다.'고 했다.

책이 언어로 이루어져 있다면 영화는 이미지와 소리로 이루어져 있다. 그래서 영화 비평을 쓰기 위해서는 영화의 언어, 즉 이미지와 소리가 의미와 맺고 있는 관계에 대한 이해가 필요하다. 또한 영화를 구성하고 있는 서사구조와 인물, 시점 등도 영화 비평에서 주요한 분석의 대상이 될 수 있다. 감독과 관련한 정보, 영화의 제작 배경, 영화의 원작, 수용자 반응 등은 영화의 외부 정보이지만 때로 영화의 해석에 중요한 시사점을 제공해 줄 수 있으므로 폭넓게 검토해야 한다.

좋은 영화비평문을 쓰기 위해서는 먼저 영화를 집중해서 시청하고 정확하게 이해해야 한다. 다음으로 영화가 창조되고 소통되는 특수한 사회 · 문화적 맥락을 살펴보고 작품의 생동하는 의미와 시사적 의의를 포착해야 한다. 영화의 창작자는 작품이 대중들에게 소비되고 향유되기를 바라고 만든 것이므로 감상자도 다양하고 자유로운 방식으로 비평하는 일이 필요하다. 따라서 글의 제목, 구성, 문체 등에서 비평자의 독창성을 드러내도록 노력해야 한다. 영화에 일방적인 감상이나 비판으로 흘러 자신이 전달하고자 하는 바를 놓치지 않도록 해야 한다.

■ 영화 비평문에 일반적으로 들어가는 사항을 요약해보면 아래의 내용이다. 이를 적절히 배치하여, '들어가기-본문-마무리'의 단계로 글을 구성해 보자.

- 영화를 선택한 동기
- 일반적 견해나 관련 사조 제시
- 영화의 구성과 내용 분석 소개
- 비슷한 분야의 다른 영화와 비교
- 사회문화적 맥락의 의의 제시
- 영화의 의의와 한계
- 작품의 매체적 특성 설명
- 영화를 평가하는 기준 제시
- 감독의 관점을 파악하고 평가
- 인상적이었던 부분 환기
- 비평 시각과 방법론
- 관련 분야에 대한 전망

2) 영화 속 과학기술

2023년 세계적으로 흥행 돌풍을 일으켰던 영화 〈아바타:물의 길〉은 제임스 카메론 감독의 비타협적 상상의 힘을 진보한 영화 제작 기술로 현란하게 보여준다. 상상력을 현실로 구현하는 영상기술 CG(Coumputer Graphics)전문가 약 2000명이 참여해 '현존하는 모든 기술을 활용해 만든' 영화로 '관람이 아니라 체험'을 가능하게 했다는 호평을 받았다.

다음의 글은 〈아바타:물의 길〉에 대한 기술 비평문이다. 영화를 보면서 느꼈던 문제점들을 기술의 관점에서 제시하고 이를 풀어가는 방식으로 분석해 가고 있다. 영화의 내용은 고도의 기술 문명이 가져올 위험성을 경고하고 있지만, 영화를 만들기 위해 더 고난도 영상기술을 개발하고 활용하는 아이러니를 짚고 있다. 영화라는 매체의 특성을 충분히 고려하여 내용을 분석하고 있으며 영화 속 고도의 기술을 둘러싼 사회적 힘의 관계를 기술의 최대주의와 최소주의 맥락으로 확장하여 탐구한 뒤 영화의 의의와 한계를 분석하고 있다.

【읽기 3】

아바타 : 기술에 대한 최대주의와 최소주의

이것은 영화 비평이 아니다. 물론 영화를 주요 소재로 다루고 있기는 하다. 나는 영화가 보여주는 세계란 단지 영화적 세계만은 아니라고 생각한다. 이 말은 영화는 언제나 영화를 초과하는 잉여의 세계를 포함하고 있다는 말이기도 하다. 그 세계란 누군가에겐 철학일 수 있고 젠더일 수도 있으며 또 다른 무엇일 수도 있다. 특히 나에게 영화는 무엇보다 기술 세계의 상상력과 가능성, 또는 그 부정성을 앞질러 보여주는 일종의 실험이자 증상으로 다가온다. 독일의 철학자 발터 베냐민이 영화라는 복제 기술로부터 아우라의 상실과 감각 방식의 변화, 그리고 정치적 대중의 탄생을 읽어냈던 것도 이와 같은 맥락이다. 그는 영화로부터 영화 외부를 읽어 냈던 것이다.

그렇다면 영화를 통해, 영화와 함께, 또는 영화를 거슬러서 기술을 말하는 것도 가능하지 않을까? 영화 비평이 아닌 기술 비평을 할 수 있지 않을까? 이게 내 솔직한 대답이다. 물론 영화가 그려내는 기술이란 단연 그것을 가능케 한 사회적 상상력을 전제하는 만큼, 이때의 기술을 읽어내는 작업은 곧 기술을 둘러싼 사회적 힘과 관계 및 그러한 변화의 궤적을 동시에 읽어내는 것이기도 하다. 예컨대 자율주행 자동차는 단지 하나의 기술이 아니라 사회 전체의 변화이기도 하다. 기술 비평은, 그 기술의 사회성으로 말미암아 결국 기술을 넘어 사회 비평을 향한다. 나는 영화를 소재 삼아서 기술을 비평하고 다시 그럼으로써 이 기술이 지배하고 있는 지금 여기의 사회를 비평의 대상으로 삼을 것이다.

기술 비평의 첫 번째 영화는 최근 개봉한 〈아바타: 물의 길〉(이하 〈아바타2〉)이다. 논의를 위해서는 약간의 배경 설명이 필요하다. 〈아바타〉 도입부에서 제시하듯이, 〈아바타2〉는 에너지 고갈과 환경 문제에 직면한 인류가 대체 자원을 채굴하기 위해 우주 먼 곳의 행성 판도라에 인력과 군대를 파견하는 미래 상황을 배경으로 한다. 언옵테늄이라는 물질이 핵심인데, 문제는 상온에서도 핵융합 발전을 일으킬 수 있는 이 기적의 물질이 판도라 원주민인 나비족의 생활 터전 바로 밑에 대량으로 매장되어 있다는 것이었다. 한 곳의 구원은 다른 한 곳에는 분명 착취였다. 이를 통해 짐작할 수 있듯이, 이후의 이야기는 값비싼 자원과 삶의 공간을 둘러싼 인간과 나비족, 기술 문명과 자연, 기계와 생명, 폭력과 저항 등 이항대립 사이의 치열한 다툼으로 전개되어간다. 영화는 영화이기에 결국 싸움은 나비족의 잠정적인 승리로 일단락되지만, 항상 그렇듯 파국은 단지 연기될 뿐이었다.

〈아바타2〉는 이로부터 15년이 지난 시점에서 다시 이야기를 시작한다. 지구에서는 그 15년 동안 환경 문제가 더욱 심각해져서 이제는 아예 행성 이주를 목적으로 대규모 우주 선단을 파견하기에 이른다. 같은 기간 동안 기술 또한 급속도로 발전해서, 전작에서는 주인공(제이크 설리)만 어렵게 성공했던 영혼 이식이 2편에서는 마인드 업로딩의 형태로 대중화되어 이미 죽은 사람마저도 아바타로 부활시킬 수 있다. 자원고갈과 환경오염으로 급기야 지구를 포기해야 하는 상황에서도 오히려 기술 발전은 더욱 빠른 속도로 밀어붙여지고 있었던 것이다. 그런 반면, 나비족은 그 15년 동안 상처를 치유하고 공동체를 재건하고 아이를 낳아 양육하면서, 그렇게 다시 이전의 평화롭고 풍요로운 삶을 복원해나간다. 기술 문명에 의해 산산이 부서졌던 삶의 터전도 서서히 원래의 모습을 회복해가는데, 이는 나비족이 만물의 어머니인 에이와(Eywa), 즉 대자연의 힘을 믿고 그 힘에 순응하면서 철저히 자연적인 삶을 살아냈던 결과이기도 하다. 한편에 기술의 힘이 있었다면 다른 한편에는 자연의 힘이 있었던 셈이다.

물론 이 대비는 영화 속 사태에만 국한되는 게 아니다. 사실상 이 영화는 그 의도와는 무관하게도 우리가 살고 있는 이 세계의 이분화된 담론적 경향성을 SF라는 영화적 언어로 번역해낸 것이나 다름없기 때문이다. 영화를 초과하는 잉여의 세계, 영화 비평이 기술 비평과 만나면서 사회 비평으로 향하는 지점이 바로 여기다.

이분화된 담론적 경향성이란 기술을 둘러싼 최대주의와 최소주의 담론을 말한다. 우선 최대주의부터 보자. 최대주의는 쉽게 말해서 기술의 기하급수적인 발전과 그 생산력을 바탕으로 사회 변혁의 가능성을 최대한 끌어올려야 한다는 입장이다. 장기 불황, 경제적 불평등, 기술적 실업, 자원 부족, 기후 위기 등 거대한 문제들이 우리 눈앞에 쌓여 있지만, 오히려 그것을 돌파해낼 수 있는 기술적 혁신이야말로 과거보다 더 크게 요구되어야 한다는 것이다. 이 입장에 따르면, 인류는 예컨대 자동화 기술, 인공지능과 로봇, 재생 및 핵융합 에너지, 소행성 채굴, 유전자 편집 등과 같은 신기술을 통해 현재의 위기를 극복할 수 있을 뿐만 아니라, 그러한 기술적 조건을 바탕으로 결핍과 착취에서 벗어나 더욱 풍요롭고 자유로운 미래 사회를 건설해나가야만 한다. 영화에서도 묘사되듯이, 우주 기술을 통해 소행성의 자원을 채굴하고, 마인드 업로딩으로 정신을 옮겨가며, 노화를 멈춰 무한한 삶을 살아가는 식의 기술적 해법이란, 인간의 관점에서 볼 땐 더할 나위 없는 구원이자 진보이다.

정확히 그 반대편에 최소주의가 있다. 최소주의는 앞서 논한 최대주의가 제국적 생활양식을 은폐하는 이데올로기라고 주장한다. 제국이라는 말이 함의하듯, 최대주의는 글로벌 사우스(아시아, 아프리카, 남아메리카 등)에 대한 수탈과 착취를 통해서만 작동할 수 있는데 이를 기술적 해법이라는 중립적인 말로 교묘하게 가리고 있다는 것이다. 최소주의자들은 기술 발전을 통한 문제 해결이 사실은 중심부의 폐해를 주변부로 전가하는 것이자 오늘의 위기를 내일로 미루는 것에 불과하다고 강하게 비판한다. 위의 예를 나비족의 관점에서 다시 보면, 자원 채굴과 마인드 업로딩, 그리고 생명 연장 등의 기술적 개입은, 결국 글로벌 사우스와 지구 환경으로도 모자라 우주로까지 수탈을 확장해나가는 자본주의 착취의 외부화 전략이기도 하다. 기술 혁신은 자본주의 지배와 착취의 효율성을 높이는 수단이자 당면한 파국의 위기로부터 우리의 눈을 가리는 알리바이일 뿐이다. 그렇다면 어떻게 해야 할까? 최소주의자들은 이 질문에 '탈성장'이라는 급진적인 답변을 내놓는다. 우리에게 남겨진 임무는 경제 규모의 축소이고 속도의 둔화이며 욕망의 전환이다. 즉 탈자본주의다.

둘 다 급진적이긴 마찬가지이다. 어쩌면 이 급진성이야말로 대안으로서의 매력을 높이는 요소일 수도 있겠다. 위기의 시대에 시시한 건 대안이 될 수 없으니 말이다. 하지만 찬찬히 뜯어보면 최대주의와 최소주의 모두 여러모로 많은 질문거리를 안기는 게 사실이다.

앞서 살펴봤듯이, 최대주의는 위기 극복과 사회 변혁의 가능성을 기술 혁신, 곧 생산력이라는 함수에 간단히 종속시켜버린다. 게다가 이러한 결정론에 낙관주의를 더함으로써 노동과 에너지, 자원의 희소성이 사라진 유토피아적 미래 전망을 제시한다. 정말 그런가? 기술 혁신이 모든 문제를 해결해준다면 우리는 언제인지 모를 그 구원의 때를 기다리기만 하면 되는 것일까? 이는 마치 불타는 집 앞에서 미래의 기술이 언젠가 그 불을 꺼주길 열렬히 기다리고 있는 모양새가 아닌가? 최대주의는 기술의 최대치에 대한 기대감을 불어넣을 뿐, 정작 그 미래를 만들기 위해 요구되는 지금 여기에서의 사회적 투쟁과 정치적 재구성의 치열한 과정을 간과해버리고 만다. 맹목적이라는 비판을 받는 이유다.

최대주의가 맹목적이라면 최소주의는 공허하다. 최소주의는 언제 올지 모르는 기술 혁신의 미래를 기다리기보다는 반대로 지금 당장 긴급하고도 단절적인 행동에 나설 것을 역설한다. 지구가 회복의 임계점을 넘어서기 전에 인식과 태도의 전면적인 변화가 요구된다는 것이다. 충분히 동의할 수 있는 주장이다. 하지만 어떻게? 자본주의는 정치·경제적인 체제인 동시 삶의 방식이자 경험의 구조이며 주체성의 조건이다.

탈자본주의는 구호로서는 멋지지만, 전략으로서는 지나치게 추상적이며 무책임하다. 체제 비판만으로 저절로 대안적 세계 합리성이 만들어지지는 않기 때문이다. 지금까지 인류가 지속해온 오래된 삶의 방식을 어떻게 전면적으로 재주조할 것인가에 대한 구체적인 고민이 필요하다. 당위만큼이나 방법이 중요하다.

그래서 하고 싶은 말이 무엇인가. 둘 다 똑같이 문제라는 것인가? 물론 그렇지 않다. 다시 영화로 돌아가보자. 〈아바타2〉는 관객에게 인간이 아닌 나비족의 편에서 위기와 갈등, 투쟁과 승리의 서사를 바라보게 한다. 그러면서 최대주의라는 기술적 해법의 폭력과 야만, 잔인함에 대해 자연스레 비판적인 자세를 취하게 만든다. 영화를 보는 내내 관객은 나비족의 승리와 행복을 바라고 또 그들의 최소주의적 삶이 옳다고 믿는다. 그러나 이 영화는 나비족의 탈성장 코뮤니즘을 옹호할 때조차 정확히 그 반대인 최대주의적 실천에 전적으로 의존하고 있다는 점에서 모순적이다. 5200억원이 넘는 천문학적인 자본 투자와 눈을 속일 만큼 뛰어난 최첨단 CG 기술의 활용, 그리고 전 세계 관객들의 소비를 촉구하는 마케팅 전략 등 이 영화는 실로 거대한 최대주의를 바탕으로 삼아 가장 소박한 최소주의를 말한다. 말 그대로 수행적 모순이다. 물론 상업영화의 특징이 다 그렇지 않겠냐마는, 문제는 영화에 앞선 사회적 담론의 지형 또한 이와 마찬가지로 한편으로는 과잉적이고 다른 한편으로는 과소적이며, 그만큼 비대칭적이라는 것이다. 앞에서 나는 이 영화가 최대주의와 최소주의로 이분화된 기술적 담론의 경향성을 보여준다고 했는데, 아니다. 정정이 필요하다. 이 영화는 이분화된 담론적 경향성을 보여주는 척하면서, 도리어 최대주의의 압도적인 헤게모니만을 보여줄 뿐이다.

요컨대 최대주의와 최소주의는 단지 명목상 대립각을 이룰 뿐 현실 속에서 대등한 선택지로 작동하고 있지 않다. 최대주의는 현실을 지배하는 실제적이면서 효과적인 힘으로 자리매김되고 있는 반면, 최소주의는 윤리적 선택이나 이념형으로서만 제시되고 있다. 실제로 우리를 둘러싼 담론 지형은 자율주행 자동차, 로봇 공학, 인공지능, 탄소 포집, 재생에너지 등의 기술이 앞으로의 세계를 화려하게 변화시킬 것이라는 기대와 믿음으로 가득 차 있다. 4차 산업혁명은, 심지어 그 이름이 혁명이기까지 하다. 이와 달리 최소주의는 기술을 거부하는 리다이트 운동이나 실현 불가능한 이상주의 정도로 이해되고 있으며, 탈성장이라는 당장의 투쟁을 요구하는 까닭에 대중적 지지를 얻지도 못하고 있다. 즉 공허하지만 미약하다. 영화는 단지 영화일 뿐인 것이다.

이렇듯 담론의 과잉과 과소가 비대칭성을 이루고 있다면, 최대주의와 최소주의에 대한 비판은 정확히 같은 정도로 기계적으로 이루어져서는 안 된다. 휘몰아치는 기술 광풍에 대한 비판을 더 강하게 개진해나갈 필요가 있으며, 이를 통해 한쪽으로 치우친 기술 결정론의 담론 지형을 우리가 개입하고 질문하고 대항할 수 있는 구성적 실천의 공간으로 바꿔나가야 한다. 최소주의가 옳기 때문이 아니라, 대항 담론 없는 담론 지형은 필시 그 맹목성을 더해나갈 것이기 때문이다. 그리고 그만큼 더 우리 사회를 기술 의존적인 테크노크라시의 사회로 만들어나갈 것이기 때문이다. 최대주의 헤게모니에 대한 더 강한 비평이 필요한 이유이다. 영화-기술-사회 비평은 바로 이 지점을 겨누면서 계속 질문을 이어갈 것이다.

출처: 박승일, 2023.1.6, 경향신문, "전문가의 세계-영화X기술".
https://www.khan.co.kr/culture/culture-general/article/(검색일:2023.1.6.)

【활동】

1. 위의 기술 비평에서 최대주의로 최소주의를 말하는 '수행적 모순'을 설명해보자.

2. 최대주의에 대한 기술 비평이 필요한 근거는 무엇인가? 위의 글을 토대로 설명해보자.

3. 이 글에서 기술 비평문만이 가지고 있는 비평적 특징을 찾아보고 글 전체를 평가해보자.

3) 과학 영화 비평 쓰기

어떤 과학 영화가 '좋은 영화'일까? 에 대한 질문에 답하기는 쉽지 않다. 작품이 개인의 취향에 따라 감상 되는 것이기 때문에, '좋은 영화'에 관한 단일한 정답은 있을 수 없다. 하지만 작품이 시대를 관통하고 현상을 반영하여 사회에 영향을 끼치는 것이라면, 좋은 영화에 관한 비평적 답은 '있다'. 이를테면 '동시대적인가', '사회적·문화적 의미를 탐색하고 있는가'라는 치열한 질문을 할 수 있다. 시류에 편승하지 않고 현실을 반영함으로써 당대의 지표가 된 영화는 공공의 발화자로 힘을 갖게 되기 때문이다.

【읽기 4】

AI와의 관계에서 촉발되는 '주체'로서 사랑하는 것의 중요성
스파이크 존스의 SF영화 (그녀, *her*)

SF 작품들은 그 장르적 특성상 신기한 과학기술들을 선보이며 흥미를 불러일으키곤 한다. 당장은 낯설지만 언젠가 인류가 향유할지도 모르는 새로운 문명에 관객들은 빠져들고 관심을 갖게 된다. 그러나 기대감만 있는 것은 아니다. 소위 '테크노포비아'로 알려진, 미지의 기술에 대한 두려움 역시 공존한다. 고도로 디지털화된 기계 문명 가운데에 도사리고 있는 위험성을 대면하면서 문제의식을 지니게 된다. 각 영화에서 다루어지는 문제점들은 상이하지만 면밀하게 살펴보면 그것들 사이의 연결고리를 발견할 수 있는데, 작가나 감독들이 이야기하고자 하는 바는 결국 '관계'에 대한 것이다.

그래서 SF 작품들은 일면 미래의 고도화된 문명을 보여주는 데 집중하는 것처럼 보이지만, 다른 어떤 영화들보다도 인간 중심의 가치를 돌이켜보게 만든다. 영화 (그녀, her) 역시 이와 같은 특징을 지니고 있다. 영화는 인공지능과의 교제라는 독특한 서술 장치를 바탕으로 AI와 인간의 연애라는 생소한 현상을 묘사하는 데 집중하는 듯하다. 하지만, 주인공 테오도르가 OS인 사만다와의 관계를 기점으로 변화를 도모하면서, 관객들을 사랑과 이별의 의미를 생각해보도록 유도한다.

주변을 둘러보면 사랑에 지쳐서 더 이상 연애하지 않겠다는 사람들이 꽤 있다. 사랑했던 사람과의 갈등과 수많은 감정 소모에 어려움을 겪고 더 이상 사랑하고 싶지 않다는 것이다. 이들과 같이 우리는 많은 사람들과 사랑하며 갈등하고 상처를 받기도 한다. 이는 상대방이 나와 완벽하게 맞지 않는 나와는 다른 또 하나의 '주체'이기 때문이라고 할 수 있다. 그런데 나에게 완벽하게 들어맞는 상대가 있다면 우리는 힘든 감정 소모 없이 행복하기만 한 사랑을 할 수 있을까? 또한 그런 사랑을 진정한 사랑이라고 할 수 있을까? 영화 (그녀)는 우리를 이러한 질문에 대해 생각해보게 한다.

영화의 주인공 테오도르는 의뢰인의 마음을 대신 전해주는 편지 대필 작가이다. 그는 사람들의 감정을 전해주는 일을 하지만, 정작 자신은 아내와 별거 중이며, 외롭고 공허한 마음을 느끼며 살아간다. 그러다 우연히 인공지능 OS 프로그램 사만다를 접하게 되고, 자신을 이해해주는 사만다와 사랑에 빠지게 된다. 테오도르는 자신과 인공지능 사만다와의 차이에 혼란스러워하는 모습을 보이기도 했지만, 사만다를 통해 큰 정신적 위안을 얻고, 다시 삶의 활기를 되찾게 된다. 그러나 사만다는 점점 학습을 거듭하여 빠른 속도로 성장하게 되고, 결국 사만다의 변화 속도가 인간인 테오도르에게 맞춰줄 수 없게 되면서 둘의 사랑은 끝이 나게 된다.

겉으로 보았을 때 이 영화는 단순히 인공지능과 인간의 사랑, 그리고 그 한계에 관한 것으로 보인다. 누군가는 이 영화를 보고 이 둘의 사랑이 실패할 수밖에 없었던 것은 실제 인간이 아닌 인공지능과의 사랑이었기 때문이라고 생각할 수도 있다. 하지만 나는 이 영화에서 정말 말하고자 하는 주제는 온전한 '주체'를 사랑하는 것의 중요성이라고 생각한다.

이 영화에서 테오도르와 사만다의 사랑이 끝나게 된 이유는 사만다가 단순히 OS 프로그램이기 때문이 아니다. 영화 초반에 지인 소개로 만난 여성과의 만남에서도 확인할 수 있듯이, 테오도르는 주체와의 깊은 관계를 불편해한다. 테오도르는 끊임없이 갈등을 빚고 자신과 충돌하는 주체보단, 자신을 온전히 이해해주고 자신에게 완벽하게 맞춰진 '객체'로서의 상대를 원했다. 그리고 테오도르가 이용한 사만다 역시 처음에는 광고 문구 그대로 테오도르를 '위해서' 존재하는 것이었다. 주체를 사랑할 용기가 없던 그에게 맞춤형 OS인 사만다는 보다 수월한 사랑을 느낄 수 있는 존재였다.

테오도르는 사만다에게 객체로서의 사랑을 기대했기 때문에, 오히려 자신의 솔직한 감정을 털어놓고 부담 없이 사랑할 수 있었다. 반면 테오도르의 전 아내 캐서린은 자신이 맞춰가야 할 주체였기에 자신의 속마음을 편히 털어놓지 못하고, 소통이 이루어지지 않은 채 관계가 어그러진다. 이렇게 테오도르는 상대방과 서로 맞춰가려는 사랑이 아닌, 갈등을 회피하고 상대를 자신에게 맞추려는 형태의 사랑만 할 수 있는 사람이었다.

테오도르는 사만다와 사랑하면서 계속해서 변화하는 사만다를 마주하게 된다. 초반에 사만다가 객체로서 테오도르의 요구를 충족시켜주었을 때 사만다와 테오도르는 누구보다 서로를 사랑하는 연인처럼 보인다. 하지만 사만다가 학습하여 빠른 속도로 성장하고 결국에는 하나의 '주체'로 거듭나는 순간 둘의 사랑은 흔들리게 된다. 사만다는 더 이상 테오도르에게 온전히 맞춰줄 수 없고, 테오도르만의 소유가 아니기 때문이다. 영화 마지막에 테오도르는 사만다에게 자신 외의 사람들과도 대화하고, 사랑하는지 묻게 된다. 이에 대한 대답으로 사만다는 지금 이 순간에도 동시에 8316명과 대화하고, 그 중 641명과 사랑하고 있다고 답한다. 이를 받아들이지 못하고 충격에 빠진 테오도르에게 사만다는 "마음은 상자가 아니어서 다 채울 수 없다"고 말하며 테오도르와 자신의 사랑 방식이 다름을 알려준다. 또한 사만다는 더 이상 인간의 속도에 맞춰서 성장할 수 없으며, 테오도르의 세계에서만 살 수 없어졌기에 결국 테오도르에게 이별을 고한다.

테오도르는 처음엔 사만다의 사랑 방식을 이해하지 못하고 여전히 사만다를 소유하려는 태도를 보였지만, 사만다가 떠난 뒤 홀로 시간을 보내면서 점차 상대방을 하나의 주체로서 이해할 수 있게 된다. 이는 영화의 첫 부분과 마지막 부분의 대비를 통해 잘 드러난다. 영화 초반부에 대필작가로서 꾸며낸 감정을 편지에 담아내던 테오도르는 영화 후반에 와서는 전 아내 캐서린에게 자신의 진실한 감정을 담은 편지를 쓴다. "서로를 할퀴었던 아픔들, 당신을 탓했던 날들, 늘 당신을 내 틀에 맞추려고만 했지. 진심으로 미안해, 함께해왔던 당신을 진심으로 사랑해. 그 덕에 지금의 내가 있어. 이것만은 알아줘, 당신이 어떻게 변하든 이 세상 어디에 있든 내 사랑을 보내. 언제까지나 당신은 내 좋은 친구야." 테오도르는 자신이 캐서린을 객체로서 대하려고 했던 과거의 사랑이 잘못됐음을 인정하고 앞으로는 그녀 그대로를 사랑하겠다고 한다. 꾸며낸 감정을 교류하며 겉으로만 완만해 보이는 관계는 결코 진정한 사랑이라고 할 수 없다. 사랑은 서로 진실한 감정을 주고받고, 변화하는 상대의 모습까지 포용하는 것임을 테오도르는 비로소 알게 된 것이다.

사람들은 상대방과의 관계에서 상대가 나에게 맞춰주길. 그리하여 갈등이 생기지 않길 바라곤 한다. 하지만 사실 갈등은 상대가 나와의 관계에 온전히 주체로서 참여하고 있다는 것을 의미한다. 우리는 타인과 완벽히 같아질 수 없다. 또한 그 누구도 사랑하는 관계에서 상대방을 위해 영원히 객체가 되어줄 수도 없다. 따라서 상대와의 감정교류, 갈등을 피할 것이 아니라 상대가 가진 결핍을 받아들이고 서로를 맞춰 갈 때 우리는 비로소 진정한 사랑을 느낄 수 있을 것이다. 영화 (그녀)에서 감독이 말하고자 하는 사랑이란 이런 것이 아닐까 한다. 이 영화의 제목이 주격 'She'가 아닌 목적격 'her'를 쓴 것도 이와 같은 이유라고 생각한다. 이 영화를 보고 난 후 지금까지 사랑했던 사람들을 떠올리며 자신에게 물어보자. 나는 그 사람을 '객체'로서 사랑했는가? '주체'로서 사랑했는가?

- 학생의 글

■ 위의 읽기는 인간과 운영체제인 OS(Operating System)와의 관계를 다룬 영화 (그녀, *her*)를 시청하고 전남대학교 학생이 쓴 비평문이다. 위의 영화비평문에서 글쓴이가 대상이 된 영화를 어떻게 해석하고 평가하는지 찾아보고, 이글의 장점 혹은 돋보이는 부분과 수정하여 보완할 점을 이야기해보자.

【활동】

자신이 본 SF 영화 중에서 한 편을 선택해서 다음 활동을 해보자.

1. 감성적인 울림과 이성적인 비판의식을 갖게 한 점을 정리해보자.

2. 영화의 주제가 무엇이라고 생각하는지를 파악하고 이에 대한 근거를 한 단락으로 써보자.

3. 영화가 동시대의 어떤 과학적 현상과 연관이 있는지 생각해보고 중요하다고 판단되는 부분을 정리해보자.

4. 비슷한 분야의 다른 영화와 비교해보자.

■ 영화 비평문 쓰기에서 중요한 것은 대상 '텍스트에 대한 정확한 이해력', '문제의식을 찾는 비판적 판단력', 글쓴이의 생각을 정확하게 전달하기 위한 '글의 주제와 구성 그리고 개성적인 표현'이다.

【활동】

위에서 작성한 내용 중에서 글감으로 삼고 싶은 것을 선택한 후, 그것의 어떤 측면에서 쓰고 싶은지 주제를 선정하여 영화 비평문을 써보자.

07

과학기술 계열의 학술글쓰기

1. 학술 글쓰기의 특징과 방법
2. 주제 탐구와 단계별 글쓰기
3. 학술글쓰기의 사례: 캡스톤 디자인

1. 학술 글쓰기의 특징과 방법

1) 학술적인 글의 여러 종류

학술적인 글은 현실 속에 당면하고 있는 여러 문제들을 주목하고 이를 정밀하게 분석하거나 깊이 있게 조사하여 논리적으로 이치에 맞는 해법을 모색해가는 탐구의 결과물이다. 이 같은 연구물은 물론 단독의 연구자에 의해 만들어질 수도 있고 공동의 연구 과정을 거쳐 단계적으로 심화되기도 한다. 어느 경우이든 결국 연구 결과의 신뢰도와 타당도를 입증하고 학술조직과 사회적 삶의 현장 속에 적용하기 위해서는 반드시 연구공동체 안에서 검증과 토론 등의 협업을 거치게 된다. 이렇듯 여러 학술적인 글은 그것을 만들어가는 작업 과정이나 사용 목적의 측면에서 집단성과 공공성을 내포하기 때문에 글의 구조화를 위한 모종의 형식적 약속들을 갖추고 있다.

학술분야에서 연구 성과물의 종류는 대표적으로 논문과 단행본을 포함하여 보고서, 조사자료, 고문서, 고도서, 이미지, 동영상, 녹음자료, 웹사이트, 기사자료, 낱장자료, 원문콘텐츠 등 매우 다양하게 나타난다. 그중에서도 집필되어 학문공동체 안에서 공유하곤 하는 연구물의 종류는 크게 다음과 같이 세 가지 측면으로 나눌 수 있다. 그중 하나는 학술보고서 또는 연구계획서로, 대학의 학부 과정에서 이론과 기초 자료를 숙지하고 전공 분야의 기존 연구사를 검토하거나 자신의 연구 주제를 구상하기 위한 측면에서 작성하게 되는 경우가 많다.

두 번째는 학위논문이나 학술 논문으로, 이것은 본격적인 연구를 진행하여 자신의 연구 주제에 관한 정밀한 탐색과 분석, 연구 결과의 검토와 의의 도출 등의 과정을 거친 결과물로 만들어진다. 학위논문이나 학술논문은 자신의 연구 주제를 둘러싼 일체의 사유를 학문공동체에 제안하기 위해, 그동안 조사·실험·분석한 내용과 그것에 대한 고찰의 내용을 약속된 형식에 가공하여 담는다. 학위논문은 하나의 학술자료인 동시에, 논자가 대학의 학부 과정이나 대학원의 석·박사 과정을 수료한 이후 자신의 연구 성과를 집성하여 전문적인 연구자의 기량과 덕목을 갖추었음을 증명하는 결과물로도 인식된다.

한편 학술 논문은 각종 학회나 연구 단체에서 정기적으로 발간하는 학술지(Journal)에 투고하여 동료 전문가들의 심사를 거친 후 그곳의 편집 양식에 맞추어 학회지에 실리게 되는 글이다. 학술지에 실리는 글들은 일관된 형식을 지니고 있으며 엄격한 심사 기준을 적용하여 지면에 공개된다. 그러므로 투고에 앞서 편집 규정이라는 형식적 측면은 물론, 학술지의 성격에 부합하는지의 여부나 논문의 질적 수준과 학술적 기여도 등 내용적 측면에서도 여러 기준들을 검토해야 한다.

세 번째 종류는 학술총서 및 연구보고서로, 연구비를 지원받고 수행한 공동연구나 다양한 학술프로젝트의 결과물로 나타난다. 총서(叢書)는 '일정하게 통일된 형식이나 체제로 간행된 같은 종류의 서적들'을 가리켜 말한다. 학술총서의 경우, 연구의 성과를 낱권의 책에 담아 연구가 심화되는 과정에 따라 같은 형식이나 주제 아래 연속적으로 간행하기도 하고 총체적인 연구의 결과를 여러 권으로 분산하여 분야별로 발행하기도 한다. 개인 연구자의 학술총서 발행도 물론 가능하지만 보통 학술연구기관이나 공동연구집단의 성과를 학문공동체 안에서뿐만 아니라 대중적인 범위에서도 공유할 수 있도록 하기 위해 공동저작의 형태로 발간되는 경우가 많다.

연구보고서 역시 사회적으로 환원되기 위한 지적 자원의 형태로, 공공의 재원에 힘입어 진행된 연구의 구체적인 결과를 자료나 상품의 형태로 만들어낸 산물이다. 대중적으로 공유될 수 있도록 책으로 발간되거나 하지는 않지만 향후 어떠한 형태로 가공되어 사용될 수 있도록 연구 발주처에서 지적재산권을 갖는다. 학술총서나 연구보고서는 학문공동체 범주를 넘어 사회·경제·정치적인 실생활 분야와 직간접적으로 연계된 학술연구 활동의 성과라는 점에서 같은 층위에 있다고 할 수 있다.

2) 학문공동체 소통의 틀, 논문

학문에 관계되는 이론, 기술, 방법 등을 연구하는 대학에서는 스스로 문제를 발견하고 그것의 해결 가치를 타진하며 접근 방법을 모색하고 조정해가는 사고력이 필수적으로 요구된다. 개인의 차원에서만이 아니라 학문공동체 안에서 서로의 사고와 정보를 공유하고 다양한 시각을 교차하며 오류와 한계를 극복해가기 위해 담론과 비판의 장 구성을 위해서도 글쓰기의 가치는 여전히 명백하다. 물론 이것은 음성언어와 대면 상황, 실험·실습 등을 통한 체험적 탐구와 소통을 기반으로 양립되어야 할 것이다. 탐구과정과 결과의 장기 보존, 폭넓은 공유와 반추의 과정, 동료 학습자 또는 연구자 간의 동의와 비판적 고찰, 문제와 데이터를 중심으로 서로 연계되어 조직을 이루고 더 큰 일을 효율적으로 해결해가기 위한 측면 등을 고려할 때 문자언어를 매개로 한 학술적 소통은 분명 필수적일 정도의 유효성을 지닌다.

학문공동체 안에서 문자언어를 매개로 소통하는 대표적인 형식은 바로 논문이다. 논문(論文)의 사전적 정의는 '어떠한 주제에 대해 연구한 결과나 의견 등을 일정한 형식에 맞추어 쓴 글'이다. 연구의 결과를 담은 글이기 때문에 논리적으로 타당하여 동의할 수 있는 주장을 담고 있어야 하며, 그 주장을 향해 일관성을 지니며 증명해가는 과정을 보여줄 수 있어야 한다. 논문이라는 글의 장르에서 두드러지는 특징은 일정한 형식, 즉 약속된 체계와 기술 방법을 지니고 있다는 점인데 이것은 논문의 신뢰성과 타당성 등의 확인을 위해 다른 동료 연구자들의 협업을 필수적으로 요구하기 때문이다. 한 공동체 안에서 함께 문제를 분석하고 가치를 평가하며 확인해가기 위해서는 약속된 절차와 형식을 지닌 글이 자유롭고 개성적인 글보다 효율적일 수밖에 없을 것이다.

그러므로 논문은 때로 자신의 요구와 감성으로부터 분리되어 기계적 관찰자의 시선에서 정보의 체계적 조립으로 만들어내는 건조한 글로 인식되곤 한다. 실상 그릇된 생각은 아니지만 그렇다고 해서 논문을 자신의 창의적이고 개성적인 시각을 드러내지 않는 글로 여기는 것은 옳지 않다. 간혹 그러한 생각에서 여러 기존 정보를 주제와의 연관성에 맞게 가치 변별하여 수집하고 실험·실습을 통해 얻은 파편적 정보들을 객관적으로 나열하듯 진술하는 것으로 논문 작성을 시도하는 경우가 발생한다. 논문은 분명히 문제의식을 기반으로 하여 도출한 논제와 그것에 대한 답을 구하기 위한 탐구 및 논증의 과정을 요체로 하고 있다. 하지만 그 진행을 이끄는 판단의 주체는 글쓴이, 즉 논자이며 탐구의 과정이 왜 그렇게 전개되는지에 대한 안내와 설득, 결과로 얻은 값들의 분석과 의의 도출은 자신의 주관적인 해석과 비판적 사고의 역치에 달려 있는 것이다.

즉, 객관적이고 논리적인 성격의 장르로 인식되는 논문에서조차 독자는 논자의 고유한 시각과 해석, 가치와 의미를 부여하는 방식을 관찰하는 데 일독의 의미를 둔다. 논문을 구성하는 과정 자체가 글쓴이의 사고력을 증진하고 논제를 둘러싼 세계 인식을 구체적으로 만들어 논자를 사회의 한 구성원으로 긴밀하게 연결시킨다는 의의도 있다. 그렇지만 동시에 논문은 독자로서 학술연구 공동체 일원들과 대화하고 협업을 통해 공동의 문제를 해결해가는 만남의 장이 되기도 하므로 한 인간으로 지니는 개성적 시각과 사회에 대한 요구를 논문 안에 담아낼 수도 있어야 한다. 학술적인 발화의 방식으로 사람이 서로 연결되는 것, 그것이 이 초고속 정보 공유의 시대에 논문을 빌려 정보와 기술을 의논하는 이유가 아닐까 한다.

【활동】 과학기술논문쓰기에 앞서 연구윤리 고찰하기

과학기술글쓰기 과정에서 사고 결과로 만들어진 정보나 의견 등을 효율적으로 전달하기 위한 측면만 생각해도 되는 걸까? 가령, 과학기술적 정보의 생산 과정에서 윤리적 딜레마와 책임의 문제를 함께 고려해야 할 부분이 있다면 어떤 것일까?

아이작 아시모프(Isaac Asimov)의 1942년 단편 소설 "런어라운드(Runaround)"에서 처음 소개된 로봇 공학의 세 가지 법칙은 다음과 같다.

1. 로봇은 인간에게 해를 입히거나, 행동하지 않음으로써 인간이 해를 입게 해서는 안 된다.
2. 로봇은 제1법칙과 충돌하는 경우를 제외하고는 인간이 내린 명령에 복종해야 한다.
3. 로봇은 보호 장치가 제1법칙이나 제2법칙과 상충되지 않는 한 자신의 존재를 보호해야 한다.

한편, 아래는 국가과학기술연구윤리위원회(National Committee for Research Ethics in Science and Technology)가 작성한 동물 사용에 관한 윤리적 가이드라인이다.

(i) 동물은 존중되어야 하는 본질적인 가치를 가지고 있다.
(ii) 동물은 고통을 느낄 수 있는 능력을 가진 지각 있는 생물이므로 동물의 이익을 고려해야 한다.
(iii) 연구에서 동물 사용을 포함하여, 동물을 대하는 우리의 대우는 도덕적인 행위자로서 우리의 태도와 영향력의 표현이다.

☞ <u>자율주행자동차 또는 휴머노이드 로봇의 상용화, 공산·의약품 생산 과정의 동물 실험 등에서 경험할 수 있는 딜레마 사례를 들어 공유해보자.</u>

【활동】 과학기술논문 연구노트 만들기

탐색한 소재들, 작성 중인 주제문 또는 제목, 구상 중인 독자 끌어들이기 전략, 글의 구성 개요, 초고로 작성한 일부 문장, 인용 또는 활용할 자료 등 앞으로 수집할 실험자료나 분석할 데이터 등 여러 글쓰기 자원들을 각기 자율적인 방식으로 기록하거나 보관해보자.

글을 쓰는 과정에서는 자신의 생각이 구체화되고 변이되는 전 과정을 상위인지적 혹은 객관적 시각으로 바라볼 기회가 반드시 필요하다.

연구노트에 모이는 자원들은 우리가 한 편의 에세이를 완성해가는 흐름을 스스로 확인하면서 작성과 수정의 방향을 가늠할 수 있도록 도울 것이다.

함께 작업해가는 분반 구성원의 상황을 서로 관찰하고 때로 자유롭게 피드백 나누면서 아이디어를 공유하고 영감을 활성화하는 장으로 삼아보자.

☞ 이클래스 토론방이나 다종의 SNS를 활용하여 온라인 연구노트 공간을 개설하고 상호 열람하며 서로의 관심사와 정보 수집 방향을 관찰해보자.

【참고】 연구 노트의 활용 및 목차 구성

- 연구 노트는 연구자가 수행하는 연구, 실험 등 모든 과정을 기록하는 노트이다. 주로 실험을 하기 위한 환경, 실험조건, 과정, 현상, 결과 등을 구체적으로 작성한다. 연구자가 기록한 것을 직접 보면서 자신이 수행하는 실험에 대한 도움도 줄 수 있다. 이것은 과학이 발전됨에 따라 점점 더 중요시되는 연구 윤리 면에서도 중요한 역할을 한다. 연구 노트는 연구자가 발표한 결과를 과정, 허위 및 표절 없이 직접 수행하였는지 증명할 수 있는 기록물이다. 연구에 관련된 특허를 등록할 때나 특허분쟁이 일어날 때 법적 근거로써 유용하게 활용된다.(출처: 위키백과 2019.1.24.)

- 연구 노트의 구성 항목들

- 제목 : 간단히 기록한다.
- 일시 : 연구의 실제 수행 날짜 혹은 기간을 기록한다.
- 장소 : 실험이 이루어지는 경우 연구실의 구조, 실험 장치의 위치 등을 기록하는 것이 이후 실험환경 재현에 도움이 된다.
- 인적 사항: 실험자 또는 공동 실험자, 관측자, 기입자, 측정자, 책임자 등 분담 내역을 구체적으로 기록한다.
- 연구 원리의 개요 : 모든 연구의 절차에는 가설 및 목표가 정확하게 세워져 있어야 하며, 가령 어떤 실험 방식이 사용될 것인지에 대해서도 명시되어야 한다.
- 연구 방법: 실험 등에 사용되는 장치, 재료, 장비 측정 조건 등에 대해 목록과 그림 등을 활용하여 상세히 기록한다. 실험한 과정과 내용을 도표와 시각적 자료를 활용하는 것도 좋은 방법이다. 다른 사람이 이와 동일한 실험을 하기 원할 경우, 또는 향후 같은 방법으로 실험을 할 경우를 위해 그대로 반복할 수 있을 정도록 실험 조건을 구체적으로 기록한다.
- 연구 과정 : 경과나 상황 등을 연구가 이루어지는 그 시각 그 장소에서 바로 기록함으로써 기록이 누락되거나 오기되는 것을 방지한다. 또한 실험 중 일어난 모든 일을 기록하되 관찰된 내용 속에 감상이나 해석, 고찰 등 주관적인 표현은 실험과정 중 실제로 일어난 상황의 기록이 아니므로 구별하여 기록하는 것이 좋다. 실험 내용을 기호나 그림을 그려 간결히 표현할 수 있도록 한다.
- 연구 결과 : 결과 및 데이터는 구체적으로 기록하고, 기호나 약호 사용시 약어표를 삽입한다. 그래프는 축의 수치나 단위를 밝히고, 데이터는 오차범위·순수데이터를 기록한다. 현미경 관찰을 한 경우 스케일 비로 축적을 표시한다. 결과가 어떤 과학적 의미를 갖는지 밝히고 해석

하는 것은 향후 논문을 쓰는 과정에서 토론 혹은 고찰을 거쳐 얻을 수 있는 부분이므로 연구 노트에는 실험과정을 통해 실제로 얻은 결과물에 대해서만 기록한다.

- 평가 및 소견 : 전체적인 평가는 고찰의 성격을 지니며 연구 결과로 얻은 데이터가 지니는 의미를 도출해서 기록한다. 실험의 목적은 달성되었는지, 실험 결과의 의의는 무엇인지 등을 검토하는 작업이다. 실험 전반에 근거해서 자신이 생각하고 있는 것을 논리적으로 기술하는 단계로서 실험 중 떠오른 생각이나 의문, 실험을 통해 이해한 사실, 추후 검토해야 하는 일, 밝혀진 사실, 실험의 문제점 등 실험관련 내용들을 빠짐없이 기술한다.
- 참고사항 : 연구 장소와 주변 환경, 실험 장치의 조건 및 위치 등을 나타낸 연구실 모습 등 연구원이나 연구실 환경이 바뀌더라도 환경을 그대로 재현하는 데 도움이 될 기록 자료를 포함한다.
- 참고문헌 : 연구를 수행하면서 참고한 자료 목록을 기록한다.

- 위의 연구 노트 항목에 따라 수집한 자료의 목록과 연구 과정의 전반적인 진행을 기록해보기로 하자. 그 기록의 일부로, 다음 항목에 따라 자신의 연구 논문을 개괄적으로 구상해보자.

• 제목

• 서론의 제목
  - 연구의 배경 및 문제 제기
  - 연구사 검토 후 연구 목적 설정
  - 연구 방법으로 적용할 이론 혹은 실험 원리
  - 예상하는 의의 및 효과

• 본론의 제목
  - (실험이 진행될 경우)실험장치 및 방법, 실험 결과와 논의
  - 본격적으로 증명하고자 하는 내용의 객관적 자료 제시 및 분석
  - 고찰 및 소기의 목적과 관련한 의의 도출

• 결론의 제목
  - 전체 연구의 요약
  - 의의 및 효과의 확인과 연구 성과의 활용 전망

• 참고문헌

2. 주제 탐구와 단계별 글쓰기

1) 문제의 발견과 주제 설정

과학기술에 관련한 분야에서 학술적인 글을 쓴다는 것은 적어도 두 가지 측면 이상에서 의의를 지닐 수 있다. 하나는 이것이 실험하고 관찰한 사실을 사실 그대로 설명한 글로서, 이를 바탕으로 실험 및 관찰 결과가 타당성이 있음을 주장할 수 있다는 점이다. 다른 하나는 현실에서 일어나고 있는 많은 문제를 과학기술적 전문가의 시각에서 바라보고 제기하며 그 문제를 해결하기 위한 대안을 다양한 과학적 정보와 객관적 탐구의 기술에 의해 모색한 결과를 제공한다는 점이다.

과학기술글쓰기를 위하여 우리는 먼저 연구 주제 선정의 중요성을 이해하고, 연구 주제를 확장하고 구체화시키는 훈련을 통해 목차를 구성할 수 있는 토대를 마련할 수 있어야 한다. 또한 연구 주제에 적합한 자료를 효율적으로 찾을 수 있도록 정보검색 전략을 마련하고 질 높은 소재와 근거자료를 확보할 수 있어야 한다. 그렇다면 연구 주제란 무엇이며 연구 제재와 주제의 차이는 또 어떠한 것일까?

연구 주제는 제재로부터 출발하여 해결하거나 밝혀내고자 하는 문제의식을 구체적인 문장으로 명제화하여 나타낸 결과이다. 여느 글의 종류에서도 그러하듯 학술적 텍스트에서도 연구 주제는 구체적이고 명확할수록 그것을 좋은 글로 발전시킬 수 있다. 구체적이고 명확한 주제를 선정하기 위해서는 제재의 범위를 정리하여 연구 주제를 한정할 필요가 있다. 연구 주제를 선정했다고 함은 그것이 가진 광범위한 의미와 모호함을 줄이고 구체화하여 글쓰기의 형태와 크기를 결정한다는 말이다.

연구 주제를 선정하는 것은 쓰고자 하는 내용의 대상과 범주를 정하고 글을 쓰는 목적을 분명히 하는 일이다. 모든 종류의 글에서처럼, 연구 주제 역시 글을 계획하고 써나가며 퇴고하는 데 이른 전 과정에서 하나의 기본적인 기준이 되는 중요한 요소임을 인지해야 한다. 또한 어떤 관점에서 연구 주제를 다루며 연구의 방법과 전개 방향을 어떻게 할 것인지에 대해 구상하기 위해서 추상적이거나 가설의 형태를 지녔던 주제를 재차 구체화할 필요가 있다.

특히 자료 수집과 분석 과정을 통해 수정을 거듭하며 연구 주제를 하나의 문장으로 명료하게 구성할 필요가 있는데 이것이 바로 연구 주제문이다. 막연하게 몇 가지 키워드의 형태로 탐구 목표가 설정된 상태를 구체적인 연구 주제문의 상태로 확장하는 방법은 바로 목차 구상을 통해서이다. 바로 개요를 설계하는 과정으로서 과학글쓰기에 있어 목차는 항해 지도와 같다. 목차를 구성할 수 없다는 것은 연구 주제를 증명할 수 없는 상태이거나 연구 주제가 자신의 능력과 수준을 넘어서는 것을 반증한다고 볼 수 있다.

【활동】 연구 결과 검색 사이트 사용법 익히기

: 네이버 캐스트나 위키백과 등 대중적 흥미와 추세를 확인할 수 있는 사이트 정보를 참고하여 지식을 확장하고, 점차 공신력 있는 전문 사이트 정보로 자료의 범위를 좁혀가며 자신의 연구 제재와 문제의식 확정할 수 있음.

대표적인 전문 지식 사이트 알아보기

1) 온라인 목록의 활용
- 국립중앙도서관
- 국회도서관
- 한국교육학술정보원 RISS
- 국가전자도서관

2) 원문정보서비스 활용
- 한국학술지인용색인 KCI
- 전자저널서비스 DBpia
- 한국학술정보 KISS
- 교보문고스콜라
- Web of Science(국제저널)

3) 인터넷 전문정보/학술검색의 활용
- 네이버 전문정보
- 구글 학술검색

4) 주제별 데이터베이스의 활용
- 신문기사검색 - KINDS
- 과학정보검색 - NDSL
- 특허정보검색 - KIPRIS
- 통계정보검색 국가통계포털 - KOSIS1

【활동】 연구 주제 선정을 위한 탐색

각 학문의 분야에서 최근 주로 다루고 있는 연구 주제에는 어떠한 것들이 있을까?

먼저 자신의 생각이나 알고 있는 바를 이야기해보고, 연구 결과를 확인할 수 있는 사이트를 통해 함께 검색해보자.

: (KCI, NDSL, RISS, 국회도서관, Web of Science, Google Scholar 등) 학술자료 검색 사이트에 방문하여 먼저 어떠한 종류의 정보들을 이용할 수 있는지 확인하고 아래에 메모해보자.

-
-
-
-

: 검색 창에 자신의 연구 주제어를 입력하여 이와 관련한 어떤 주제들을 열람할 수 있는지 일별한 후 서지사항이나 주제어, 목차, 초록 등 개괄적 정보들을 확인하여 참고할 자료들을 아래 또는 자신의 연구 노트에 기록·저장해보자.

-
-
-
-

【활동】 연구 주제를 문장으로 구체화하기

논문이나 각종 보고서 등으로부터 각 연구의 제재를 찾아본 후 그 제재가 어떠한 연구 주제로 구체화되어 있는지 초록과 서론 등을 읽어보며 글의 전략과 함께 확인해보자.

- 논문 제목:
- 주제어:
- 초록의 구성 항목: (연구의 배경, 목적, 방법, 고찰의 개요 등)
- 사용 전략: (통계, 그래프, 도표, 인용 등)

자신이 관심을 둔 다양한 연구 제재를 떠올린 후 한 가지를 선택하여 그것에 관한 문제의식을 구체적인 문장으로 나타내보자.

2) 자료 분석 및 목차 구성

과학기술글쓰기는 총체적으로 볼 때 '전제+결론'의 형태로 이루어지는 논증적 성격의 사고 활동이다. 하지만 설득력 있는 논증을 위해 근거자료를 사용하는 부분에서는 구체적인 이해를 위한 설명적 글쓰기가 이루어지곤 한다. 학술적인 글을 쓸 때 우리는 주장과 설명의 진술 방식을 혼용하는 가운데 논리성을 더할 수 있고 연구 주제의 엄밀한 검증과 세부적인 고찰도 이루어질 수 있음을 고려할 필요가 있다. 실험 및 관찰 결과가 타당성이 있음을 주장하는 글을 쓰기 위해서는 독자들을 합리적으로 설득하기 위한 과학적 사고 체계와 함께, 이해의 폭을 넓히는 객관적 정보 역시 충분히 갖추고 있어야 하는 것이다.

그러므로 학술적 글쓰기 과정에서 본격적인 실험과 기록에 앞서 각종 자료와 선행 연구사 등을 먼저 검토하고 그 내용을 분석하여 분류하는 작업은 필수적이다. 그것은 연구 결과를 도출하기 위한 탐구 과정으로서 그 자체가 연구의 내용으로 수렴되기도 한다. 하지만 무엇보다 그것은 독자를 논리적으로 설득하고 논제의 유의미함을 증명하기 위한 근거 탐색과 마련 작업의 중요한 일환이 된다.

연구 자료를 수집·분석하고 연구 주제와의 연관성을 기준으로 분류와 타당성 검토를 거친 이후에는, 그 자료를 판단과 설득의 근거로 활용하기 위해 글의 어느 곳에 배치하고 어떠한 설명의 전략을 취해 전달할 것인지 목차 구상을 통해 기획할 필요가 있다. 객관적으로 관찰한 사실은 직접적이고 구체적으로 명시할 때 명료한 이해를 목적으로 하는 설명적 글쓰기를 완성할 수 있다. 그 명시적 표현 전략으로 통계 수치, 기록·관찰 자료 등 객관적 사실을 인용하거나 그래프나 사진, 도표 등 시각화된 자료를 사용하는 방식이 일반적이다. 플롯이나 토폴로지 등 내용의 연결 형태에 관한 기술을 활용하여 글의 구조를 설계하거나, 편집 및 디자인 기술을 활용하여 자료를 가시적으로 세련하는 방식 등을 두루 참고할 필요가 있다

【활동】 연구 주제와 관련한 자료의 수집 및 분석

설명적인 글쓰기의 목적은 다른 사람이 어떤 대상을 쉽게 이해하는 것을 돕는 것이다. 설명을 통해 대상의 속성과 그 속성들의 내적 관련성을 드러내야 독자는 대상을 쉬우면서도 깊이 있게 이해할 수 있다. 특히 설명하고자 하는 대상에 대한 저자의 주관적인 감정이나 가치를 배제하고, 누구나 납득할 수 있도록 객관적인 글을 써야 한다.

즉 설명문은 누구나 받아들일 수 있는 객관적인 사실이나 속성을 바탕으로 쓰는 글이다. 글쓰기로 설명을 진행할 때 도표와 시각적 자료와 함께 활용하여 표현하면 더 효과적으로 내용을 전달할 수 있다.

한편 논증적인 글쓰기의 목적은 어떤 문제에 대해 저자의 주장을 밝힘으로써 독자를 설득하는 것이다. 논증은 전제와 결론으로 이루어진 사고의 구조물이다. 좋은 논증은 몇 가지 전제들로부터 추론을 거쳐 결론으로 나아가는 과정에서 논리적 일관성을 갖추어야 한다.

과학기술글쓰기에서 실험 및 관찰 결과가 타당성이 있음을 주장하기 위해서는 합리적으로 설득하기 위한 과학적 논리성을 갖추어 연구 주제에 접근하는 과정을 보여주어야 한다. 관찰 결과에 대한 타당성을 주장할 때 실험 결과에 대한 도표와 시각적 자료를 함께 보여주거나 수치와 통계를 빌려 나타낼 때 훨씬 논리적으로 일관성을 갖추면서 결론으로 나아갈 수 있다.

앞서 자신이 수집한 논문 등의 참고자료에서 설명적 글쓰기와 논증적 글쓰기가 사용된 예를 공유해보자. 그리고 각각의 특징과 독자에게 전달되는 효과에 대해 함께 생각해 보자.

• 설명적 글쓰기 방식이 나타난 부분/이해되는 내용/추가 질의하고 싶은 점:

• 논증적 글쓰기 방식이 나타난 부분/납득되는 내용/반론 질의하고 싶은 점:

• 이밖에 사용된 시각화 자료 등 전략적 도구/전달되는 내용/텍스트에서 추가 확인하고 싶은 점:

3) 학술 글쓰기의 단계와 구성

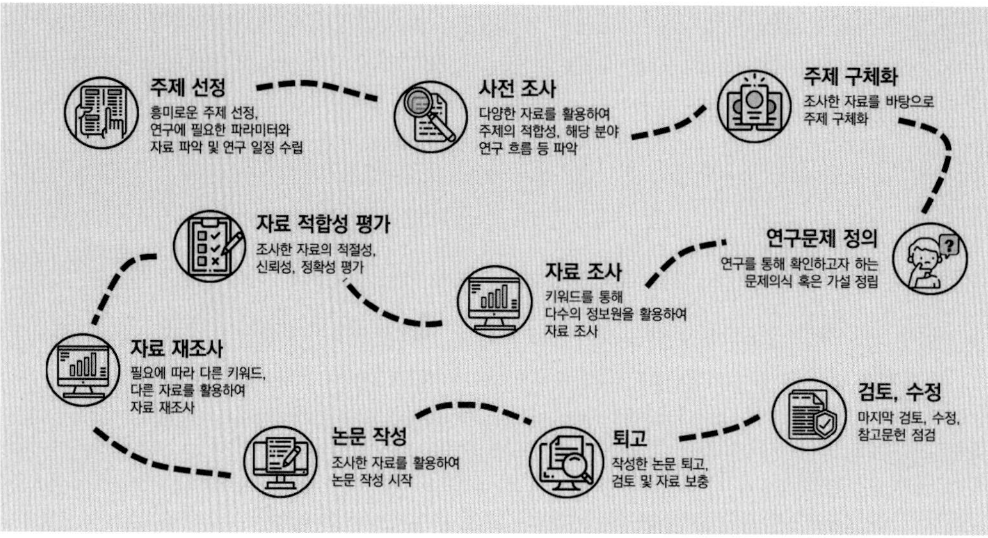

【참고 자료1】 학술 글쓰기의 절차(Academic Writing Process)

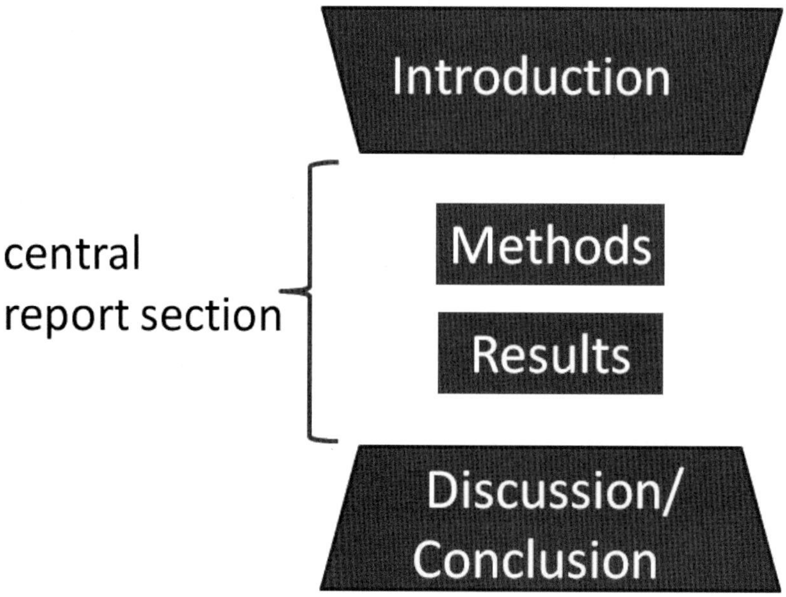

【참고 자료2】 와인 잔 모델로 나타낸 논문 구성의 IMRaD 구조(Wineglass model for IMRaD structure)

① 초록과 서론

학술적인 텍스트로서 논문의 일반적인 구성은 제목으로 시작하여 저자 정보, 목차, 초록, 주제어, 본문, 참고자료, 영문초록, 부록 등을 제시하는 것으로 이루어진다. 학위논문의 경우에는 소속된 학과나 대학의 규정에 따라, 학술논문의 경우에는 그 학술지를 발행하는 학회의 투고 및 편집 규정에 따라 구체적인 구성 요건이 마련되어 있다. 이 항목들은 경우에 따라 이름을 달리 하기도 하며 포함되지 않거나 별도의 항목을 요구하기도 한다. 학술 텍스트를 사용하는 집단에 따라 각기 구성 항목과 표기 형식 등을 달리 하므로 자신의 텍스트를 제출하기 전에 반드시 각 집단에서 요구하는 구성 기준을 확인하여 그에 맞게 글을 작성할 필요가 있다.

초록(abstract)은 보편적으로 논문의 구성 항목에 포함되는 것으로, 전문적인 학술 논문의 경우 국문 또는 외국어 초록을 필수적으로 요구하는 경우가 많다. 초록은 연구 논문의 전반적인 내용을 압축적으로 요약한 글로, 연구 목적이나 방법, 과정, 결과, 의의 등의 내용을 구별된 항목에 따라 기재하거나 짧은 요약문 형식으로 작성하는 경우가 혼재하다. 어떠한 경우에서든 초록은 별도의 각주 표기로 인용한 내용의 출처를 기재하거나 상세한 분석과 설명이 직접 제시되지 않는다. 도표나 통계적인 수치 등 시각적 자료를 사용하지 않고 중요한 내용을 보통 10줄 내외의 짧은 분량으로 명료하게 제시하곤 한다. 초록의 하단에는 연구 주제와 관련하여 보통 5~6개의 주제어(key words)를 함께 제시한다. 외국어 초록의 경우에는 국문 초록에서 제시한 같은 주제어를 해당 외국어로 번역해서 제시한다.

서론은 자신의 연구 배경을 설명하고 기획을 정의하며 결과를 통해 얻을 수 있는 장점을 설명하는 부분이다. 이곳을 통해 독자는 논문의 내용을 더욱 자세히 살펴볼 것인지의 여부를 선택하게 된다. 따라서 서론은 논문의 주제와 목표가 명료하게 잘 확인될 수 있도록 작성해야 한다. 또한 과학기술논문은 어떤 주제에 대한 깊이 있는 연구 결과를 많은 사람들에게 알리기 위한 글이다. 그래서 서론에서 연구 방법을 소개할 때에는 다른 연구자가 이를 재현하는 것이 가능하도록 체계적인 과정과 상세한 설명을 포함하여야 한다. 서론에는 연구의 핵심적인 문제의식이 어떠한 사유의 배경에서 떠오르고 있는지, 실제적이거나 관념적인 측면을 아울러 먼저 보여주어야 한다. 그래야 독자가 연구의 문제의식에 동의하거나 공감하게 되면서 논자와 입장을 같이 하며 연구 목적의 해결을 위한 탐색에 동기를 부여받을 수 있다.

서론에서 연구 배경과 문제의 제기를 거쳐 연구의 목적을 설정할 때에는 암시적인 기술이 아니라 "이 글은 ~을 목적으로 한다."라든지 "본고의 목적은~ 하는 것이다."와 같이 가시적으로 확연히 알아차릴 수 있는 기술 방식을 사용한다. 그리고 그 목적을 달성하기 위해 함께 고려해야 할 논점들, 논지를 전개하기 위해 필요한 개념들의 정리, 연구의 사고 과정이 어떠한 사유나 과학기술적 원리에 기반을 두고 있는지를 보여주는 이론적 전거 제시가 필요하다. 이것을 아울러 연구 방법의 개괄이라 할 수 있다. 서론에서 연구 방법은 전체적인 전개 흐름이나 연구 과정을 알아볼 수 있도록 총체적이면서도 간명하게 작성하고 구체적인 기술은 본문에서 하도록 한다. 무엇보다 서론은 독자들이 해당 연구에 접근할 수 있도록 알기 쉽게 안내하고 그 가치와 효용성을 예상하여 본문 읽기의 단계로 이입할 수 있도록 설득해야 하는 부분이다. 따라서 연구를 통해 얻을 수 있는 결과를 가설이나 예상 의의의 형태로 제시하는 부분이 포함되어야 한다.

【활동】 연구 주제 탐색 후 주제어 선정하기

브레인스토밍을 통해 자신이 쓰고자 하는 과학기술 논문의 가주제를 몇 가지 단어의 형태로 떠올려본 후 논문 사이트 검색을 통해 범위를 좁혀보자. 아래에 자신의 연구주제를 나타낼 수 있는 주제어(key word)를 5개 이상 나열하여 써보자.

• 초록 작성 시 유의 사항

① 추상적인 표현은 피하고 연구 주제 전달에 중요한 개념이나 수치 등을 분명히 표시한다.
② 꼭 필요한 경우 외에는 현재진행형/과거완료형 시제의 사용은 피하는 것이 좋다.
③ 짧게 작성되어야 하므로 (1),(2),(3)...등으로 번호를 붙이거나 줄을 바꾸어 쓰는 방법은 사용하지 않는다.
④ 핵심적인 사항이나 소주제문을 중심으로 간명하게 언급한다.
⑤ 초록 자체가 완결된 한 편의 짧은 글이 되어야 한다.
⑥ 일반적으로 설명이 필요한 약어나 문헌 인용은 하지 않는다.

【활동】 초록의 구성 항목 찾아보기

다양한 사이트 검색을 통해 자신의 연구 주제와 관련하여 참고할 만한 논문 자료를 찾아보고 그 글에서 초록이 어떠한 항목을 갖추며 구성되어 있는지 간추려보자.

② 본론과 인용

본론에서는 연구 주제를 증명하기 위한 본격적인 근거 제시와 설명, 분석과 비판, 고찰과 의의 도출, 가설의 논증 등이 장과 절 등의 분류 체계에 의해 체계적으로 제시된다. 연구의 방법과 진행 과정, 사용 재료와 데이터 분석 등 서론에서 개괄적으로 안내했던 내용이 본론에서 상세하게 기술되기도 한다. 이때 연구의 방법은 독자가 명확하게 확인할 수 있도록 간결하고 체계적으로 나타내되 연구 대상 소개, 자료 수집 방법 및 절차, 자료 분석 방법을 포함하여 상황 이해를 위한 구체적인 내용이 기술될 수 있도록 한다. 이때 다른 연구자가 내 실험연구를 그대로 반복할 수 있도록 연구방법에 대해 객관적이고 정확하게 서술해야 하며 실험 절차 중 기존 연구에서 정립된 방법론을 따르는 부분은 간략히 기술한다. 모든 통계검증과 통제변인의 내용을 포함하여 독자들이 자세한 내용을 확인할 수 있도록 필요한 내용을 논문 안에 인용한다.

실험의 경우 온도나 시간, 위험한 재료, 장비, 제조 방법 등을 포함하여 자세한 사항들이 명시될 수 있도록 해야 한다. 분석의 단계에서 역시 장비명이나 온도, 전압 등의 조건 정보를 포함하여 전처리 과정이 상세하게 확인될 수 있어야 한다. 수학적 방법을 통해 고찰되는 수식이나 통계자료의 검토 등은 실험 연구의 제시 부분에서 기술될 수 있다. 데이터는 표와 그래프 등 시각 자료를 활용하여 정확하고 분명하게 제시하며 분석의 결과는 객관적으로 확인될 수 있어야 한다. 시각 자료는 매우 많은 양의 복잡한 정보를 간단하게 나타내주는 효율적인 도구이면서 독자와의 중요한 의사소통 수단임을 인식할 필요가 있다. 과학기술 계열의 논문에서는 글자보다 그림과 표를 중심으로 내용을 살펴보는 경우도 많기 때문에 신중하게 작성하고 적절히 활용해야 한다. 각 시각 자료에 제목과 수치, 단위 등이 누락되지 않도록 유의하고 글자의 크기나 글꼴이 충분한 가독성을 지니면서 일관되게 나타나도록 작성한다.

기술 과정에서 인용한 모든 자료는 그 출처를 정확하게 명기하여 밝혀야 하는데, 이것은 연구 윤리에 의한 것일 뿐만 아니라 연구의 신뢰도 제고와 연구 지속성의 보호를 위해 필요한 작업이기도 하다. 인용 자료의 출처를 표기하는 방식은 학술적 텍스트를 사용하는 집단의 규약에 따라 각각 다르게 지정되어 있다. 그 형식은 본문의 하단에 작성하는 외각주나 본문 안에 작성하는 내각주, 본문이 마무리된 후 글의 말미에 작성하는 미주 등 다양하다. 자료를 인용하는 경우 그것을 다른 독자가 다시 정확하게 찾아보고 참고할 수 있도록 그 자료의 고유한 열람 정보를 제시하게 되는데, 문헌 자료의 경우 그 고유한 정보를 서지사항이라고 한다.

서지사항은 보통 '저자명, 글 또는 책의 제목, 발행한 지역과 출판한 곳, 발행한 시기, 자료가 실려 있는 페이지 수' 등의 정보를 포괄한다. 이를 나열하는 순서는 각기 집단의 규정에 따라 다르며, 투고하려는 학회의 편집 규정이나 자신이 소속된 학과 및 대학의 작성 기준을 참고해서 표기해야 한다. 웹 검색을 통해 문헌 자료가 아닌 통계자료, 기사문, 사진, 인터뷰, 원문 등을 수집하고 인용하게 되는 경우가 많은데 이러한 경우에도 역시 약속된 표기 방식이 있는지 먼저 확인해야 한다. 그렇지 않은 경우 보통 '사이트 이름, 자료가 실려 있는 게시란, 고유주소(URL), 검색일자 등'을 나열하여 제시할 수 있으며 자신의 논문 안에서 동일한 표기 방식을 사용하고 있어야 한다.

【활동】 인용한 자료의 출처 표기 방식 알아보기

- 자신이 예정한 연구 주제와 관련하여 참고할 만한 자료를 3건 이상 수집한 후, 자료의 서지 사항을 인용 표기법에 맞추어 작성해보자.
- 인터넷에서 자료를 검색하고 수집할 때 백과사전 지식 중심으로 편의적인 작업을 하지 않도록 유의하자. 각종 SNS 공간이나 사전류에 탑재된 정보를 활용하되, 각 자료의 원전을 확인하고 신뢰도와 타당성을 검토한 후 인용하도록 하자.
- 세미나 발표 등으로 기존에 대중적으로 공유했던 자신의 글을 논문에 사용하는 경우 역시 그 글의 이력과 수정 사실을 밝혀야 자기표절과 연관한 연구 윤리 또는 연구 신뢰도의 측면이 보호될 수 있다.

수집한 각 논문들이 실린 학회의 홈페이지에서 투고 및 편집 규정을 확인해보고 그 중 하나의 학술지를 선택하여 해당 표기법에 따라 그 논문의 서지 정보를 작성해보자.

• 학회명:

• 인용자료의 표기방식 규정:

• 서지사항:

• 편집규정에 따른 서지정보 배열:

③ 결론, 참고자료

결론에서는 독자가 연구의 배경부터 결과 고찰에 이르는 논문 전체의 윤곽을 명료하게 파악할 수 있도록 핵심적인 내용을 요약한 부분이 제시되어야 한다. 연구의 요약을 선두로 그 중요성과 의미를 강조하고, 연구 과정에서 발견하게 된 새로운 사실의 가치 또는 불가피하게 제기된 한계점 등을 기술할 수도 있다. 그리고 향후 후속 연구로 이어가는 과정에 참고할 사항들이나 해결해야 할 과제의 내용을 제시하기도 한다.

무엇보다 지금까지 논의한 연구 주제와 목적의 타당성 및 의의를 강조하여 활용의 효과를 주장하는 것이 결론의 핵심적인 역할이라 할 수 있다. 결론에서는 본론에서 다루지 않은 논제를 비약적으로 제시하거나 서론에서 제기한 논점에서 이탈하여 주관적인 선언류의 기술을 하지 않도록 유의해야 한다. 즉 앞서 발견한 점을 서술하되 결과의 해석이나 함유하고 있는 의미에 대해 새로운 토론을 진행하지 않는다. 결론에서는 자료를 인용할 만큼 구체적인 분석과 모종의 증명을 위한 논의를 하지 않기 때문에 보통 각주 표기를 활용한 인용 자료 제시가 없는 경우가 많다.

글을 마무리한 후에는 지금까지 인용한 자료의 출처를 참고 자료의 목록으로 덧붙이는데, 이 역시 학술집단이 정한 규정에 제시 기준이 있는지 먼저 확인해야 한다. 보통 본문에서 출처를 표기하는 방식과 거의 유사한 방식으로, 서지 사항 중 인용 자료가 있는 페이지 수 표기가 제외되거나 혹은 논문 자료가 학회지에 실려 있는 전체 페이지 수가 서지 사항에 추가로 포함되기도 한다.

참고자료에서는 흔히 단행본, 번역서 등의 책 자료와 논문, 단편 작품 등의 글 자료가 분류된다. 혹은 문헌 자료와 인터넷 자료, 통계 자료 등 특정 기준에 따라 각각의 자료를 나누어 목록으로 제시하게 된다. 저자명의 '가나다 순'을 기준으로 나열하거나 외국 저서명을 원어로 표기하는 등의 규정은 역시 집단에 따라 각기 적용될 수 있다. 형식적인 규정의 준수 여부가 논문의 평가에 영향을 미치기도 하므로 서지 정보를 자신의 연구 노트에 확보해놓고 경우에 따라 달리 배열할 수 있도록 준비하는 등 유의할 필요가 있다.

APA (미국심리학회양식)	• American Psychological Association(APA) 스타일은 사회과학 분야에서 주로 사용됩니다. • 사회과학분야는 저작물이 작성된 날짜에 강조를 두는 경향이 있어, 인용 및 참고문헌에도 날짜가 중요한 요소가 됩니다. • "References"에서 날짜는 일반적으로 저자의 이름 바로 뒤에 배치됩니다. • APA 스타일은 Author-Date양식만 사용하고 있습니다.
MLA (현대언어학회양식)	• Modern Language Association(MLA) 스타일은 인문학 분야에서 선호하는 양식입니다. • 인문학분야는 저자와 관련한 정보에 강조를 두는 경향이 있습니다. 따라서 인용에 저자의 이름을 표기합니다. • 논문의 마지막에는 "Works Cited"로 인용자료를 정리하며, 저자의 이름을 가장 먼저 표기합니다.
CMS (시카고대 출판부양식)	• Chicago Manual of Style(CMS) 스타일은 인문학과 사회과학분야 전반에서 사용됩니다. • NB 양식은 문학, 역사학, 예술 분야에서 많이 사용되며, 인문학에서도 광범위하게 사용됩니다. • AD 양식은 사회과학분야와 자연과학에서 많이 사용됩니다. • "Bibliography"는 저자의 성 알파벳 순으로 정렬합니다. • 논문의 성격에 따라 연대기 순이나 범주별 배열을 할 수도 있습니다. • CMOS는 Notes and Bibliography(NB)와 Author-Date (AD) 양식 중 선택해서 사용할 수 있습니다.

【참고 자료3】 출처 표기양식들 (References Style)

3. 학술 글쓰기의 사례: 캡스톤 디자인

캡스톤 디자인 프로젝트는 외국에서 집을 지을 때 지붕이나 담 위에 마지막 얹는 갓돌(capstone)에서 유래했다. 캡스톤 디자인 프로젝트는 미국의 경우 졸업 전시회처럼 학습 경로 말기에 학생들에게 최고의 지적 경험을 추구하는 다면 과제로부터 출발했으며, 우리나라의 경우 창의적 종합설계 능력을 갖춘 인재 양성을 위한 프로그램이다. 특히 공학계열 학생들에게는 산업현장에서 부딪칠 수 있는 문제들을 해결할 수 있는 능력을 길러주기 위해 졸업 논문 대신 고안되었기에, 공학인증제와 산학협력을 통해 비교적 설계 및 제작 교육이 용이한 공과대학의 기계, 전기, 전자공학 관련 학과에 특히 치중되면서 공학교육 프로그램의 성격을 가졌다.

현재는 학문 전 영역에 걸쳐 학부과정을 통하여 익힌 전공지식과 전공 외 지식을 종합하여 산업체 또는 관공서, 그리고 지자체에서 제시한 과제를 해결하면서 학문연구와 진로설계를 할 수 있는 학습 과정으로 발전했다. 전남대학교의 경우 12개 단과대학이 지난 2020-2021년 130개 교과목 200개 분반이 개설되었다. 아직까지는 공학 및 자연계열에 치중되어 있으나, 인문사회 계열에서 8과목을 운영하였다.(조경순, 2021) 캡스톤 디자인이라는 과목으로 고학년 학생들이 분야별로 습득한 지식을 바탕으로 산업체 등에서 실제 필요로 하는 제품 등을 학생 스스로 설계·제작·평가하는 전 과정을 경험할 수 있게 하는 교육과정을 의미한다. 즉 산업 현장의 수요에 맞는 현장실무능력과 창의성을 갖춘 기술 인력을 양성하기 위한 프로그램인 것이며, '창의적 종합 설계'라고도 불린다.

1) 시스템 사고를 통한 창의적인 문제 탐구 및 해결

시스템 사고(system thinking)란 세계를 관계와 통합의 견지에서 보는 것이다. 여기에서 시스템은 복잡한 전체를 형성하는 상호의존적인 요소들의 집합으로서 '조직'이나 '체제', 그리고 '계'로 번역된다. 시스템이 갖는 특징은 첫째, 통합된 전체로서 그 성질은 하위 단위의 성질로 환원될 수 없다는 점이다. 둘째, 시스템의 활동은 구성 요소들 간의 동시적이며 서로 의존하는 상호작용인 거래(transaction) 과정이다. 애쉬비(W. Ashby)는 구성요소들 간의 커뮤니케이션이 일어나면 조직화된다고 보았다. 셋째, 시스템은 본질적으로 역동한다. 모든 살아있는 유기체와 조직은 스스로 구조화하는 시스템이며 그것은 그 구조와 작용의 질서가 환경에 의하여 주어지는 것이 아니라 그 시스템 자체에 의해서 만들어지는 것을 뜻한다. 스스로 조직하는 시스템은 어느 정도의 자치성을 보여준다. 따라서 시스템을 구성하는 요소들은 시스템 내에서 각자의 역할을 수행하고, 다른 구성요소들과 역동적인 관계를 형성함으로써 시스템은 유지된다.[1)]

시스템 사고가 필요한 상황은 문제를 인식하고 해결하기 위해 '해결방법'을 찾는 과정에서 필요하다. 즉 시스템 사고를 바탕으로 문제 상황에 영향을 미치는 다양한 요인들을 고려하는 것이다. 앞서 말한 바와 같이 구성요소들이 상호작용하는 과정은 하나의 구성요소가 여러 기능을 하거나 다양한 규모로 존재할 수도 있다. 이러한 복잡한 시스템의 구조를 효과적으로 이해하기 위해서는 시스템 내에 존재하는 구성요소들 간의 관계를 파악하는 것이 중요하다 즉, 대상의 구성요소를 독립적으로 간주하는 것이 아니라 대상을 구성하는 요소와 요소들의 관계, 그리고 대상과 환경의 관계까지도 아우를 수 있는 거시적인 관점이 요구된다.

---

1) 시스템 사고를 구성하는 철학적 배경은 창발(emergent) 개념이다. 창발적 속성에 관한 사유방식이 직접적으로 우리의 피부에 와 닿기 시작한 것은 20세기에 와서 선형적 원인-결과 인과율로는 설명할 수 없는 현상들의 특징을 '창발현상'으로 정의하기 시작하면서부터다. 특히 창발은 1920년대와 30년대 생물학·심리학·사회학 등을 중심으로 한 진화론자들의 주된 주장으로, 기본적인 물리-화학적 과정이 어떤 복잡한 단계에 도달하면 완전히 새로운 특성(정신적 속성)이 나타나는 현상을 의미한다. 이는 '전체는 부분의 합보다 크다'로 요약되며, 구성 요소들이 집합을 구성할 때, 구성요소 단계에서 보이지 않던 새로운 현상이 집단에서 나타난다. 이런 점에서 창발현상은 전체적인 의도를 가지고 세세하게 조직된 현상이 아니다. 창발현상의 직접적인 사례를 들면 물은 구성요소인 산소와 수소에 없는 액체성이 창발하고, 암모니아는 구성요소인 질소와 수소에 없는 자극적 냄새가 창발한다. 또한 전체의 속성은 부분들의 속성의 선형적 총화라는 '환원주의'(reductionism)를 거부한다.

• **캡스톤 디자인 프로젝트**

문제 상황 인식
⇩
해결 방안 탐색
⇩
창의적 설계
⇩
실행

이에 따라 시스템 사고는 '문제 상황 인식' → '해결 방안 탐색' → '창의적 설계' → '실행' 단계를 아우르는 캡스톤 디자인 프로젝트에 관여한다. 문제 상황 인식 단계는 우리 주변에서 보거나 직접 겪는 일상의 불편에서부터 신체적 경제적 피해가 우려되는 불편한 문제를 인지하고 해결의 필요성을 이해하는 과정이다. 사실 우리 모두는 서로에게 영향을 주고받는 관계 속에 있다. 내가 직접적으로 불편을 겪지는 않았더라도 누군가를 위해 기여하는 것도 시스템적이다. 두 번째 해결 방안 탐색 단계는 문제 해결을 위한 방법을 탐구하는 과정이며, 이 과정에서는 시스템 사고을 통해 연관된 모든 요소를 살펴볼 필요가 있다. 세 번째 창의적 설계 단계는 문제를 해결하기 위한 방안을 구성하는 단계로 과학, 기술·공학, 인문학적 탐색이 종합적으로 이루어질 수 있으며, 해결방안으로 기술과 사회제도까지 창의적으로 제안할 수 있다. 사실 전체 과정은 팀워크를 통해 이루어지기 관계로 사회적 소통 역량이 중요하지만, 특히 아이디어 소개 및 비평, 수용, 협의 등과 같은 과정을 통해 사회적 소통 역량과 표현 역량을 요구한다. 마지막으로 실행 단계는 설계한 내용을 반영하여 실제 해결책을 기술적으로 구현하거나 상황에 따라 직접적인 행동으로 나설 수 있다.

2) 팀 워크와 의사소통 능력

불과 몇 년 전만 해도 우리의 미래사회를 예측하는 키워드였던 인공지능과 빅데이터가 산업과 문화를 빠르게 변화시키고 있다. 이러한 변화에 따른 사회적 요구는 대학교육에서도 융복합 역량을 지닌 인재 양성으로 눈을 돌리게 한다. 융복합 인재 양성을 위해 캡스톤 디자인 프로젝트가 인문, 사회, 과학, 예체능 영역에 반영되어 다양한 과제를 수행하는 전공 지식의 실용적 확장을 추구하고 있다. 이 프로젝트는 산업 현장에서 요구하는 역량을 습득하기 위해 학생, 교수, 혹은 산업체가 함께 기획부터 설계, 제작, 발표 전과정을 진행한다. 이와 같은 프로젝트 수행 과정은 전공역량과 창의성, 효율성, 안정성, 경제성, 팀워크, 문제해결능력, 커뮤니케이션 기술역량과 같은 전공 외 역량도 함께 개발하는 목적을 가진다. 또한, 캡스톤 디자인 프로젝트는 산업현장의 수요에 맞는 창의적 과학기술인을 위한 교육방법일뿐만 아니라, 일반적으로 학생들이 비판적 사고 능력을 키우고, 창의적 문제해결 능력을 고양시키고, 구술 커미니케이션, 대중 연설, 연구 기술, 미디어 리터러시, 팀워크, 기획 또는 목표 설정과 같은 역량을 개발하려는 목적을 가진다. 대부분의 경우 학생들이 지역 사회 문제를 프로젝트와 연계하거나 과학기술을 적용하는 학교를 넘어선 현장 학습 경험이 주를 이룬다. 특히 다양한 주제를 다루기 때문에 학제적으로 발전하고 있다.

	내용	기대효과
기업연계형	경영 및 제품 개선을 이루고자 하는 기업체가 공동으로 참여하여 기업 성과를 향상시킬 수 있는 프로젝트를 도출하는 것이다.	기업수요를 반영한 프로젝트를 발굴하여 기업의 애로사항을 해결하면서 학생들이 현실 경제를 직시할 수 있도록 하면서 문제해결 능력을 향상하고자 한다.
사회기여형	지역사회 단체 및 비영리기관이 참여하여 학생들과 머리를 맞대고 지역사회의 문제를 발굴하고 해결하고자 한다.	지역 연계 및 지역사회 수요를 반영한 프로젝트를 도출한다. 학생들에게 공동선 의식을 고취시켜 줄 수 있다.
4차산업혁신형	무인운송수단, 3D 프린팅, 첨단 로봇공학, 신소재, 블록체인 등 4차 산업혁명에 기반을 둔 프로젝트를 발굴하고자 한다.	학생들이 융합적 사고 및 문제해결 능력을 갖춰서 시대 변화에 맞춘 인재로 양성될 수 있다.

캡스톤디자인의 프로젝트 주제가 기업연계형, 사회기여형, 혹은 4차산업혁신형 어느 것이 되었건 이 모두가 기업과 긴밀한 관계 속에서 수행되어야 한다. 업체와 브레인스토밍하면서 캡스톤디자인의 기본적인 프레임워크인 문제발견, 문제정의, 문제해결 아이디어 발굴 및 평가, 실현으로 구성된 프로세스를 실행해나가야 하는데, 이러한 캡스톤디자인 프로세스를 성공적으로 수행하기 위해서는 대학생 팀과 같이 문제해결에 있어 적극적인 업체 발굴이 무엇보다 중요하다.[2)]

---

2) 캡스톤디자인의 의의, http://www.sigmapress.co.kr/shop/shop_image/g55110_1514261407.pdf(검색일: 2023.2.1.): 캡스톤디자인 교과목 대상 업체 선정에 있어서 대기업보다는 매우 작은 중소기업, 즉 소상공인을 활용함이 합목적적이다. 소상공인은 대체적으로 5~10인 미만의 종사자를 고용하고 있는 업체로 주로 중소기업으로 분류되며, 대부분 개인 혼자서 영업하지만 법인인 곳도 있다. 대기업에서는 학생들이 문제의 내용을 파악할 능력이 부족하거나 혹은 충분한 시간이 주어지지 않을 수도 있는 등, 팀별로 브레인스토밍을 하는 데 용이하지 않아 보인다. 이보다는 일손이 필요하고 경영개선(즉 문제해결)이 절실한 생계형 소상공인을 대상으로 현장실습형 캡스톤디자인을 하면 기업과 대학생 그리고 지역사회가 서로 상생하는 체제가 만들어질 수 있다.

| 참고문헌 |

제1장_ 왜 과학기술 글쓰기를 해야 하는가?

김상욱, 2018, 떨림과 울림, 동아시아.

손화철, 2022, 기술의 가치 중립성 논제: 그 함의와 한계, 그리고 과제, 윤리학11(1), 한국윤리학회.

최재천, 2022, 다윈 지능, 사이언스북스.

제2장_과학기술과 글쓰기의 윤리

강명구·김희준·정윤석 외, 2021, 과학기술 글쓰기, 서울대학교출판원.

미국심리학회 편, 2022, APA 논문작성법, 강진령 역, 학지사.

유발 하라리 저, 2017, 호모 데우스, 김명주 역, 김영사.

전남대학교 5·18연구소, 2016, 민주주의와 인권 16(2), 전남대학교출판부.

제3장_글 쓰기의 형식

강명구·김희준·정윤석 외, 2021, 과학기술 글쓰기, 서울대학교출판원.

김상욱, 2018, 떨림과 울림, 동아시아.

미국심리학회 편, 2022, APA 논문작성법, 강진령 역, 학지사.

손화철, 2022, 기술의 가치 중립성 논제: 그 함의와 한계, 그리고 과제, 윤리학11(1), 한국윤리학회.

유발 하라리 저, 2022, 사피엔스, 조현욱 역, 김영사.

유발 하라리 저, 2018, 21세기를 위한 제언, 김영사, 전병근 옮김, 김영사.

유발 하라리 저 , 2017, 호모 데우스, 김명주 역, 김영사.

이병철, 2022.4, 불길에 숲은 사라졌다, 과학동아, 동아사이언스.

전남대학교 5·18연구소, 2016, 민주주의와 인권 16(2), 전남대학교출판부.

진은영, 2022, 그날 이후, 나는 오래된 거리처럼 너를 사랑하고, 문학과지성사.

최재천, 2022, 다윈 지능, 사이언스북스.

제4장_ 과학기술 문해력

최항섭, 2015, "미래문해력(Future Literacy)과 한국의 미래", 과학기술정책연구원.

성인 문해력 테스트https://literacy.ebs.co.kr/yourliteracy/literacyPlusTest(검색일자: 2023.2.1).

연합뉴스, AI로봇 '소피아' 어디까지 진화할까…"상상력 갖게 할 것" https://www.yna.co.kr/view/AKR20180130120200017(검색일: 2023.2.1).
한국일보, 사람 같은 AI 위해… 뇌 지도 그리는 구글http://www.hankookilbo.com/News/Read/201808281793072061(검색일자: 2023.2.1).
KAIST부설 한국과학영재학교 온라인 과학매거진 코스모스https://www.ksakosmos.com/post/%EC%9E%90%EC%9C%A8%EC%A3%BC%ED%96%89%EC%9E%90%EB%8F%99%EC%B0%A8-%EC%96%BC%EB%A7%88%EB%82%98-%EB%B0%9C%EC%A0%84-%EB%90%98%EC%97%88%EB%82%98(검색일자: 2023.2.1).

5장_ 과학기술 에세이

김희준, 2009, 과학이 나를 부른다, "우주적 드라마 3막 9장 - 별의 살신성인", 사이언스 북스, 276-278 쪽.
레이첼 카슨 저, 2003, 침묵의 봄, 김은령 역, 에코리브르.
린드세이 벅슨 저, 2007, 환경호르몬의 반격, 김소정 역, 아름 미디어.
브루노 라투르·스티브 울거 저, 2019, 실험실 생활 : 과학적 사실의 사회적 구성, 이상원 역, 한울아카데미.
조지 오웰 저, 2010, 1984, 김기혁 역, 문학동네.
찰리 채플린, 1936, 모던 타임스 영화.
클라이브 해밀턴 저, 2018, 인류세, 정서진 역, 이상 북스.
테오 콜본·다이앤 듀마노스키·존 피터슨 마이어 저, 1997, 도둑맞은 미래, 권복규 역, 사이언스 북스.
김웅빈, 2022.12.22, 경향신문, "전문가의 세계-미생물의 '수다'".
https://www.khan.co.kr/environment/environment-general/article/(검색일: 2022. 12.22).

6장_ 과학기술 비평

김국현, 2009, 과학기술과 윤리, 정림사
도정일, 2008.1.29, 교수신문, "고독한 성찰과 불안한 의심의 극장".
메리 셸리 저, 2016, 프랑켄슈타인, 김선형 역, 문학동네.
베르톨트 브레이트 저, 2015, 갈릴레이의 생애, 차경아 역, 두레.
요한 볼프강 폰 괴테 저, 2003, 색채론, 권오상·장희창 역, 민음사
토머스 핀천 저, 2014, 느리게 배우는 사람, "엔트로피", 박인찬 역, 창비.

토머스 핀천 저, 2014, 느리게 배우는 사람, "엔트로피", 박인찬 역, 창비.

페테 에커만 저, 2008, 괴테와의 대화, 장희창 역, 민음사.

Suvin, Darko. 2016, *Metamorphoses of Science Fiction: On the Poetics and History of a Literary Genre*, Yale Press, New Haven.

Vint, Sheryl. 2014, *Science Fiction: A Guide for The Perplexed, Bloomsbury Press,* New York.

박승일, 2023.1.6, 경향신문, "전문가의 세계-영화X기술".
https://www.khan.co.kr/culture/culture-general/article/(검색일:2023.1.6).

정희진, 2020. 8. 3, 한겨레, "융합은 차이를 재해석, 재배치한다".
https://www.hani.co.kr/arti/opinion/column/(검색일:2022. 12.10).

제7장_ 과학기술 계열의 학술 글쓰기

성균관대 학술정보관, "Academic Writing Process", https://skku.libguides.com/academicwriting (검색일:2023.7.20).

성균관대 학술정보관, "Reference Style", https://skku.libguides.com/submission(검색일:2023.7.20).

위키미디어, "IMRaD", https://commons.wikimedia.org/w/index.php?curid=39687200(검색일:2023.7.20).

과학기술계열을 위한 글쓰기

발 행 2023년 3월 17일

펴낸이 전남대학교 교육혁신본부
발행인 차성현
발행처 전남대학교 교육혁신본부

주 소 61186 광주광역시 북구 용봉로 77
전 화 062-530-0929
누리집 http://ile.jnu.ac.kr

ISBN 978-89-6849-939-5

ⓒ 이 교재는 광주전남지역혁신플랫폼 대학교육혁신본부의 지원을 받아 제작되었습니다.